Uli Kaiser

# Der dicke Schorsch, der Pillenpeter und meine Wenigkeit

**GOLFTIME Verlag**

GOLF TIME Verlag GmbH
Truderinger Straße 302 · 81825 München
Telefon (089) 42 71 81 81 · Telefax (089) 42 71 81 71
E-Mail: redaktion@golftime.de · www.golftime.de

Autor:
Uli Kaiser
Cartoons:
Steffen Köpf
Layout und Satz:
Rudi Kopp, Gilching-Geisenbrunn
Reproduktion:
high-end dtp-service Hellmuth, Augsburg
Druck:
Ludwig Auer GmbH, Donauwörth
Herausgegeben:
November 2006, 1. Auflage

ISBN-10: 3-00-020264-1 / ISBN-13: 978-3-00-020264-3

© GOLF TIME Verlag GmbH, 2006
Alle Rechte vorbehalten. Nach dem Urheberrechtsgesetz vom 9.9.1965 i.d.F. vom 10.11.1972 ist die Vervielfältigung oder Übertragung urheberrechtlich geschützter Werke, also auch der Texte, Bilder, Landkarten und Illustrationen dieses Buches, nicht gestattet. Ausgenommen davon sind die Teile, die mit Genehmigung aus anderen Quellen entnommen wurden. Dieses Verbot erstreckt sich auch auf die Vervielfältigung für Zwecke der Unterrichtsgestaltung – mit Ausnahme der in §§ 53, 54 URG ausdrücklich genannten Sonderfälle –, wenn nicht die Einwilligung des Verlages vorher eingeholt wurde.

Als Vervielfältigung gilt jegliche Speicherung und Übertragung auf Papier, Transparente, Video, Btx, Filme, Bücher, Platten, Magnetband, Matrizen, CD-ROM, CD-I, Internet und andere Medien.

# INHALT

Vorwort .......................... 4

Wir halten den Geist hoch .......... 6

Die Folgen einer wilden Frühlingsnacht .. 10

Die schöne Gepflogenheit
der üblen Nachrede ............... 14

Das andere Garten-Spiel .......... 18

Besuch aus dem Mittleren Westen ...... 22

Das Proshop-Palaver .............. 26

Die Tage, von denen wir sagen,
sie gefallen uns nicht ............. 30

Immer wenn es regnet ............. 34

Suuuper – total echt .............. 38

Spirit ist keine Schnapsmarke ........ 42

Die Sache mit den neuen Schlägern ..... 46

Der musikalische Schwung .......... 50

Die Sache mit dem Wunderball ....... 54

Rekord um Hase oder Karnickel ....... 58

Dem dicken Schorsch
sein Geburtstagsturnier ............ 62

Der brave Mann denkt an sich ........ 66

Über die Notfallmedizin ............ 70

Eine Bildungsreise ................ 74

Der dicke Schorsch
ist ein Duselmann ................. 78

Motorisierte Erleichterung .......... 82

Eine exquisite Lehrstunde .......... 86

Die Tricks des dicken Schorsch ....... 90

Die Story von der Ball-Angel ........ 94

Das mentale Spiel in der Sauna ....... 98

Oma war zu Besuch .............. 102

Das Spiel auf der Clubhaus-Terrasse ... 106

Der exklusive Bröselclub ........... 110

Ein arktisches Spiel .............. 114

Das edle Vermächtnis
vom Schampanninger ............. 118

Sofort damit aufhören ............ 122

Warum Hamlet und der dicke Schorsch
so ähnlich sind ................. 126

## VORWORT

Es kann ja sein, dass mir dieses Spiel in die Wiege gelegt wurde, aber ich habe nichts davon gemerkt. Ich habe allerdings deswegen auch keinen Schaden genommen. Lange Zeit wäre ich aber lieber Papst geworden, was sich schließlich erübrigte, weil ein grausamer Ahnenforscher mir erklärte, ich könne wegen eines falschen Gesangbuches nicht Papst werden – es war nämlich so, dass meine Vorfahren vor knapp vierhundert Jahren wegen ihrer Protestanz aus dem Salzburgischen vertrieben und von einem netten preußischen Kurfürst oder König in Ostpreußen angesiedelt wurden. Weil ich wegen der unruhigen Zeitläufte danach jeweils viele Jahre in solch unterschiedlichen Provinzen wie Schleswig-Holstein, Baden-Württemberg, Rheinland-Westfalen und schließlich Bayern verbrachte, geriet ich in den Ruf, polyglott zu sein – ein Adjektiv, das ich zunächst mit einem Poliermittel verwechselte, später dann mit polygam. Außerdem spielen Päpste kein Golf.

Was dieses Spiel anbetrifft, so bleibt die Feststellung, dass ich während langer Zeit ein völlig belangloses, inhaltsfreies und unnützes Dasein fristete – das war die Zeit ohne dieses Spiel, wobei ich allerdings zugeben muss, auch hier gewisse, wenn auch seltene Glücksmomente erlebt zu haben. Die Zeit danach wurde mit klugen Gesprächen angefüllt, in denen von aerodynamischen Versuchen die Rede war, von narbigen Bällen mit seltsamem Eigenleben sowie von unhandlichen Gerätschaften. In dem vorliegenden Band ist davon kaum die Rede – er wird auch nicht zu einer Verminderung der Putt-Zahl führen und keineswegs eine Gebrauchsanweisung für ein gerades Dreierholz bieten. Ehrlich gesagt, bestand nicht die geringste Notwendigkeit für dieses Buch. Es beweist zudem die These, dass jeder, der einmal einen einigermaßen geraden Ball geschlagen hat, sofort das unheilbare Verlangen in sich spürt, über dieses epochale Ereignis ein Buch zu schreiben, weil er es für ein einmaliges Erlebnis hält. Es muss da eine geheimnisvolle Verbindung geben zwischen Slice beziehungsweise Hook und dem Tatbestand, dass die Betreiber dieses Spiels die Tinte nicht halten können.

Die hier vorliegenden Geschichten spielen alle an einem Donnerstagnachmittag, was durchaus einen Sinn für Ordnung und das tägliche Leben ergibt. Am Samstag und Sonntag werden bekanntlich gewaltige Heere auf das Gelände getrieben, die den Truppenübungsplatz wie eine Rinderherde

zertrampeln. Am Montag wird der Platz wieder mit viel Aufwand in einen einigermaßen brauchbaren Zustand versetzt. Am Dienstag brechen auf Grund eines seit Jahrhunderten bestehenden Abkommens die Mitglieder aller Nachbarclubs herein, weil sie an diesem Tag eines halben Greenfees teilhaftig werden. Am Mittwoch ist Damentag und wenn sich da ein männliches Wesen einschleicht, begibt es sich in allerhöchste Gefahr, da die Damen vor nichts zurückschrecken. Am Freitag ist Herrentag, an dem die Damen die Rache aller jener Herren zu spüren bekommen, die am Damentag auf dem Platz sichtbar wurden.

Erwähnt werden sollte an dieser Stelle auch der Zuspruch sogenannter Freunde, die laut die Meinung vertraten, dass es doch schade wäre, wenn die Geschichten verloren gingen. Die Skepsis meiner Wenigkeit verringerte sich allerdings erst, als der Verleger die Meinung vertrat, er würde mir einen überschaubaren Anteil der gewaltigen Einnahmen, die er aus dem Verkauf dieses Buches erwarte, überlassen. *Ulrich Kaiser*

**ULI KAISER**

# Wir halten den Geist hoch

**D**ie einzigen Menschen, die den wirklich wahren Geist dieses Spiels begriffen haben, sind wir. Wir – das sind der Pillenpeter, der dicke Schorsch und meine Wenigkeit. Wir spielen jeden Donnerstagnachmittag und wenn wir sagen, wir spielen jeden Donnerstagnachmittag, dann meinen wir auch jeden Donnerstagnachmittag – bei jedem Wetter. Einmal fällt Heiligabend auf einen Donnerstag – da spielen wir allerdings nur neun Löcher. Das liegt aber eher an der hereinbrechenden Dunkelheit und wir haben die zweiten Neun dann am ersten Feiertag nachgeholt, wofür wir allerdings daheim kaum Verständnis erhalten. Es gibt einige Donnerstagnachmittage, da haben wir das Spiel wegen Gewitter unterbrochen – aber nur, weil der Hopfenheiner ausgerechnet unter der hohen Pappel am Elften von einem Blitz erwischt wird, gerade wie er mit dem Dreier-Eisen auf's Grün will. Hundertachtzig Meter! Der Hopfenheiner hat nie in seinem ganzen Leben das Grün mit dem Dreier von den Pappeln in hundertachtzig Metern erreicht! Es gibt aber eine sehr schöne und stimmungsvolle Beerdigung. Und eines muss man dem Hopfenheiner lassen: Er war auch einer von jenen, die den wahren Geist des Spiels hochgehalten haben. Oder, wie der Engländer sagt: The Spirit of the Game.

Wir halten den Geist hoch, indem wir es beispielsweise ablehnen, das Bag in einem affigen Wägelchen hinter uns herzuziehen. Wir haben nichts dagegen, wenn es die Damen tun, denn die betreiben sowieso eine andere Art von Sport. Aber gibt es vielleicht ein Bild von Old Tom Morris, Gotthabihnselig, auf dem er seine Schläger auf so einem Karren transportiert? Es ist eine Frage der Weltanschauung und es gibt nur wenige Menschen, die unseren Gedanken folgen können. Die anderen sind sicherlich in der Mehrzahl – sie spielen mit Puttern, deren Schaft ihnen bis an die Nasenspitze reicht, und manche von ihnen gewinnen die allergrößten Meisterschaften auf diese Weise – sie genieren sich nicht, die Preise entgegenzunehmen, aber bei dem kleinsten Regenschauer fordern sie eine Unterbrechung des Turniers. So, als ob sie dahinschmelzen würden bei der Feuchtigkeit.

Wir kümmern uns um kein Wetter und wir tragen unser Bag auf der Schulter. Von uns hat noch nie einer begriffen, wozu sie an die Schuhe solche Laschen montieren, mit denen man die Schnürsenkel schont – wir sind der Meinung, dass diese Laschen nur von Tangotänzern bevorzugt werden. Es hat lange gedauert, bis wir uns daran gewöhnt haben, einen Handschuh zu tragen – wir haben erst damit angefangen, als der dicke Schorsch mit dem Handschuh tatsächlich besser spielt und damit einen unfairen Vorteil hat. Aber keiner von uns kommt auf die Idee, den kleinen Knopf am Handschuh zum Markieren des Balles auf dem Grün zu benutzen. Wir nehmen dazu eine Münze – meistens einen Euro, nur der Pillenpeter, der nimmt immer einen Zwickel, weil es ihm mit seiner Apotheke ziemlich gut geht, obgleich er das nicht zugibt. Was meine Wenigkeit betrifft, so kann ich mir nicht vorstellen, einen pinkfarbenen oder quittegelben Ball zu benutzen, weil das sicherlich auch mit dem erwähnten Spirit zu tun hat. Nichts mit diesem Spirit zu tun haben auch Tee's aus reiner Plastik, die in hundert Jahren nicht verfaulen – am allerschlimmsten ist es, wenn ein Tee aus Plastik auch noch rot oder blau oder sonst irgendwie bunt ist. Wir spielen mit weißen Bällen und stecken den Ball auf ein weißes Tee, welches aus gutem Holz besteht, am besten handgeschnitzt.

> **Spieler wie wir tragen ihr Bag auf dem Rücken und spielen die Runde in weniger als vier Stunden**

Der Pillenpeter, der dicke Schorsch und meine Wenigkeit haben den Geist des Spiels begriffen und setzen die Tradition fort und Tom Morris, der Ältere, hätte an uns seine helle Freude.

Nur ein Beispiel, wie schwer es ist, gleichzeitig den Geist hochzuhalten und den Frieden in der Umgebung. Das Verhängnis be- ▶

## WIR HALTEN DEN GEIST HOCH

ginnt letztes Jahr unter dem friedlichen Weihnachtsbaum mit einem festlich verpackten meterlangen Paket, bei dem es sich um das Blasrohr der Urwaldeinwohner in Neu-Guinea handeln kann, welches man ja immer wieder dringend benötigt – als Alternative käme eine Teleskop-Angel in Frage, wie man sie beim Brandungsfischen verwendet. Nach dem Auspacken ergibt sich aber, dass die Dame des Herzens sich ein ganz besonders praktisches Geschenk ausgedacht hat. Es handelt sich um eine Angel, mit deren Hilfe man den in den Teich gefallenen Ball herausfischen kann.

Kurz gesagt: Das Gerät widerspricht dem mehrfach erwähnten Geist und sowohl der Pillenpeter wie auch der dicke Schorsch würden meine Wenigkeit verachten, wenn ich so ein Ding mitschleppen würde. Ich sage angesichts des Christbaumes: „Schönen Dank, aber ernsthafte Spieler wie wir benutzen so etwas nicht!"

Hach", sagt sie, „hast du eine Erbschaft gemacht oder im Lotto gewonnen oder im Garten eine Ölquelle gefunden? Kannst du es dir leisten, Bälle im Wasser zu lassen, die noch so gut wie neu sind!? Welch eine Verschwendung! Warum wirfst du das Geld nicht gleich ins Wasser?!"

Ich sage: „Das siehst du falsch. Spieler wie wir tragen ihr Bag auf dem Rücken und spielen die Runde in weniger als vier Stunden. Wir vertrödeln keine Zeit damit, in jedem Wasserloch herumzustochern, um abgefummelte Bälle zu fischen. Wenn das Ding am Rand liegt, so dass man es mit dem langen Eisen herausholen kann, ist das okay – sonst lehnen wir das ab!"

Sie sagt: „Das ist arrogant, hochmütig und verschwenderisch. Eine solche Angel amortisiert sich in weniger als einem Jahr!" Ich sage: „Das ist keine Frage der Amortisierung, sondern der inneren Einstellung zu diesem Spiel und seiner langen Tradition. Außerdem hat ein Ball, der ins Wasser fliegt, seine Untreue nachgewiesen, so dass es sich nicht lohnt, ihm nachzutrauern. Einmal untreu – immer untreu!"

Sie sagt: „Das ist ja wohl ein heidnischer Aberglaube, der aus dir spricht. Wie kann ein Ball aus Plastik denn ein Gefühl wie die Treue symbolisieren!?" Ich sage, was ich immer sage bei solchen Gelegenheiten: „Das verstehst du nicht!" Sie sagt: „Ich habe kürzlich Herrn Bachmann getroffen, der eine solche Angel benutzt – er hat mit dem gleichen Ball acht Runden gespielt!"

Ich sage: „Ausgerechnet dieser Typ mit den grünlila karierten Hosen! Er macht einen verrückt mit seiner Gymnastik am ersten Abschlag – er rennt durchs knietiefe Rough und jubelt, wenn er dort einen Ball findet – und er geht einem auf die Nerven, wenn er erzählt, dass er an diesem Loch gestern ein Birdie spielt. Er hat in seinem ganzen Leben noch nie ein Birdie gespielt!"

Sie sagt: „Du bist ein undankbarer Mensch. Die schönen schottisch-karierten Schoner für die Hölzer, die ich dir zum Geburtstag schenkte, hast du nie benutzt!" Ich sage: „Mir reichen die alten Socken, die den glei-

chen Zweck erfüllen. Diese seltsamen Zipfelmützen entsprechen in keiner Weise den hohen Traditionen des Spiels – oder wie wir zu sagen pflegen, dem spirit of the game!" Sie sagt: „Aber ich habe dir die Geschenke mit viel Liebe ausgesucht!" Ich sage: „Deine Liebe in Ehren – aber sie muss gegen tausend Jahre alte Weltanschauungen zurückstehen!" Sie sagt: „Deine Weltanschauung widerspricht der Vernunft des Menschenverstandes und macht nur die Ballfabrikanten reich!" Ich sage: „Du vergisst, dass ich nur sehr selten einen Ball ins Wasser schlage!" Sie sagt: „Warum hast du eigentlich einen Rasenmäher für unseren Garten gekauft? Im Sinne der Tradition hättest du eine Sense kaufen müssen!"

D er kluge Mann weiß, wann er Gespräche dieser Art beenden sollte. Wir haben bei dieser Runde zusammen vierzehn Bälle verloren, der dicke Schorsch und meine Wenigkeit je fünf, der Pillenpeter vier – alle übrigens im Wasser, höchstens zwei Meter vom Ufer. Am nächsten Donnerstagnachmittag werden der dicke Schorsch, der Pillenpeter und meine Wenigkeit wieder die Tradition pflegen. Aber wir werden immer weniger.

**ULI KAISER**

# Die *Folgen*
## *einer wilden*
# *Frühlingsnacht*

Es ist ein Tag wie Samt und Seide und sogar der Pillenpeter ist an diesem Donnerstagnachmittag pünktlich, so dass wir direkt abschlagen können, wenn der dicke Schorsch auch da ist. Und kaum reden wir davon, kommt der dicke Schorsch auch schon vom Clubhaus rüber und hat aber seltsamerweise zwei Bags dabei – das eine auf dem Rücken und das andere zieht er in einem ungewöhnlichen Wagen hinter sich her. In dem ungewöhnlichen Wagen hat der dicke Schorsch aber keinen Schlägervorrat, sondern ein ungewöhnliches Baby von außerordentlicher Stimmkraft und unglaublich dicken Backen, so dass sich eine gewisse Ähnlichkeit mit dem dicken Schorsch nicht verleugnen lässt.

Der Pillenpeter und meine Wenigkeit stehen einigermaßen stumm neben dem dicken Schorsch, der gerade eben versucht, das Bag mit den Schlägern über das Bag mit dem Baby zu legen, wobei er uns erklärt, dass er uns keine Erklärung schuldig ist, aber trotzdem erklären möchte, was es mit dem Baby auf sich hat. Der dicke Schorsch erklärt also, er hat sich in einer wilden Frühlingsnacht hinreißen lassen, wobei die entsprechende Dame von ihm zunächst weiter nichts wollte als eine Herberge, weil sie aus einem Ort im wilden Kurdistan angereist ist, um eine absolut sittlich einwandfreie Stellung als Verkäuferin in einem Bäckereigeschäft anzutreten – aber wie sie dort ankommt, ist das Bäckereigeschäft geschlossen und zwar wegen Ferien und die Bäckereifamilie ist verreist. So sitzt die Dame aus dem wilden Kurdistan vor der Bäckerei und weiß nicht, wie ihr Leben weitergeht – aber wie es so spielt, kommt zufällig der dicke Schorsch vorbei – so erzählt es uns der dicke Schorsch – und weil er keine weinenden Damen auf der Straße sehen kann, bietet er ihr das Sofa an, aber nur für eine Nacht.

Der dicke Schorsch sagt, die Dame ist gekommen und hat ihm das Baby ein paar Monate später vor das Kellerfenster gelegt und nun ist es da und muss an diesem Donnerstagnachmittag mit auf die Runde, ob wir wollen oder nicht. Der Pillenpeter, der manchmal sehr sanfte Anwandlungen hat, sagt, das ist aber ein hübscher Junge und dem dicken Schorsch wie aus dem Gesicht geschnitten – aber der dicke Schorsch sagt, es ist ein Mädchen, so dass ich sage, dass die Ähnlichkeit mit dem dicken Schorsch trotzdem frappierend ist und er soll froh sein, so ein schönes Mädchen zum Kind zu haben. Egal woher. Außerdem trägt es den Namen Edeltraut-Julicka.

In diesem Moment sagt der dicke Schorsch, ob ich in meiner Wenigkeit nicht einmal den Wagen mit dem Kind nehmen könnte, weil der dicke Schorsch ja abschlagen muss und damit das Kind in der Zwischenzeit nicht verloren geht. So ein Angebot kann ja kein Mensch ausschlagen – es sei denn, man ist ein völlig verrohter Mensch, der die süßen Kleinen nicht liebt, weil sie ja für unsere Rente sorgen und überhaupt Licht in unser dunkles Dasein bringen. In diesem Sinne schenke ich dem Baby einen pinkfarbenen Ball, damit es etwas zum Spielen hat – mit dem Ball hätte ich sowieso nie gespielt, weil ich da gewisse Grundsätze habe und der Ball stammt aus einem Bächlein mit den Abwässern eines unweit liegenden Pferdestalls, was ich in meiner Wenigkeit für außerordentlich großzügig halte.

Das Baby ist für den schrecklichfarbenen Ball sogleich in heller Liebe entbrannt und steckt ihn sofort in den Mund, was ich als ein Zeichen großer Dankbarkeit erkenne – aber dann läuft das Kind blau an und sieht so aus, als kriegt es keine Luft, und als ich den Ball aus dem Mund herauspolksen will, hat das Gör auf einmal eine Mundverengung, so dass der dicke Schorsch ernsthafte Sorgen äußert, denn er hat versprochen, dass er das Kind am nächsten Tag wieder abliefern wird und zwar im gesunden Zustand. Während der Pillenpeter, der dicke Schorsch und meine Wenigkeit um das Kind herumstehen, dessen Backen durch den pinkfarbenen Ball noch dicker wirken, macht es auf einmal „plopp" und der Ball ist wieder draußen, wobei es bemerkenswert ist, dass der dicke Schorsch meinen Ball aus Versehen einsteckt und meine Wenigkeit als ein Rindvieh und Kindermörder bezeichnet, dem er – der dicke Schorsch – nie wieder ein Kind anvertrauen wird.

In diesem Sinne beginnen wir eine historische Runde, denn wir hatten noch nie eine Dame namens Edeltraut-Julicka dabei und ▶

> **So beschließen wir, das Kind Edeltraut-Julitschka auf dem Grün neu einzupacken**

## DIE FOLGEN EINER WILDEN FRÜHLINGSNACHT

schon gar kein Baby dieses Namens, wobei man darauf hinweisen sollte, dass der dicke Schorsch mit einem gewissen Stolz zu verstehen gibt, dass man Julicka wie Julitschka spricht – zumindest im wilden Kurdistan ist das so. Ich erkläre in meiner Wenigkeit indessen, dass es mir sehr leid tut, weil ich dem Kind den Ball keineswegs zur Speise anbieten wollte, sondern nur zum spielen – was aber keine Rolle spielt, aber ich hätte gern den Ball wieder zurück, den der dicke Schorsch aus Versehen in die Tasche gesteckt hat, was er sofort abstreitet.

So gewöhnen wir uns langsam daran, dass das Kind Edeltraut-Julitschka eine besondere Technik entwickelt, einen langen Ton von sich zu geben – der dicke Schorsch ist auch über diesen gnadenlosen Ton sehr stolz, weil man in unserem Alter sehr oft über einen unfruchtbar gewordenen Schoß verfügt – um diese Tatsache in biblische Worte zu kleiden. Der Pillenpeter und meine Wenigkeit überwinden gewisse Schwierigkeiten bei der Ansprache des Balles, weil wir es nicht gewohnt sind, bei einem ernsthaften Putt durch derartige Töne gestört zu werden. Aber gerade, als der Pillenpeter sagt, dass es eine Riesensauerei ist, weil der dicke Schorsch sein störendes Gör mitbringt, verstummt das Kind und bekommt einen seligen Glanz in den Blick, so dass ich aus meiner Erfahrung sofort feststelle, es hat sich in die Hosen gemacht und ob der dicke Schorsch in seinem Bag auch ein Paket Windeln dabei hat. Es ist nur ein wenig Pech, dass wir auf unserem Platz ausgerechnet an diesem Loch keine Bank stehen haben, die wir als Windeltisch hätten gebrauchen können. So beschließen wir, das Kind Edeltraut-Julitschka auf dem Grün neu einzupacken.

Aber wer kommt da geschwinden Schrittes daher? Richtig – es ist eine weithin gefürchtete Gruppe von Damen, die uns seit Jahren verfolgt, weil wir angeblich zu langsam spielen. Jetzt ergibt sich ein großes Palaver zwischen dem dicken Schorsch, dem Pillenpeter, meiner Wenigkeit sowie den vier Damen, die uns drei männlichen Wesen jegliche Ahnung von Kindererziehung und der richtigen Windeltechnik absprechen – vor allem auch deswegen, weil wir das Baby auf dem Grün trockenlegen, wo doch jeder feststellen kann, dass es sich um ein größeres Geschäft handelt, bei dem es nicht ausgeschlossen ist, dass ein Teil davon auf dem Grün liegen bleibt, was die Spieler in der folgenden Gruppe – in diesem Falle die vier Damen – mit einiger Befremdung zur Kenntnis nehmen, weil es beim Putten als störend empfunden wird. Der Pillenpeter, der manchmal einen Hang zur direkten Aussprache hat, trägt den schönen Vers vor, in dem es heißt: „Liegt auf dem Grün ein Haufen Scheiß – ist's schlimmer noch als schlimmer Slice!"

Selbstverständlich wird diese Aussage von den Damen wegen ihrer Direktheit ignoriert und eine gewisse Frau von Kronzky übernimmt kurzfristig die Gewalt über das Kind, so dass der dicke Schorsch schon das Schlimmste befürchtet. Frau von Kronzky ist eine kampferprobte Babywicklerin, die das Kind in einem Bunker ablegt, in dem sich übrigens – wie das Schicksal so spielt – auch die Bälle vom dicken Schorsch, dem Pillenpeter und meiner Wenigkeit befinden, was

die allgemeine Übersicht sehr erleichtert. Frau von Kronzky, die bei uns im Club schon einmal als Ladies-Cäptn kandidierte, aber bei der Wahl unterlag, weil sie versprach, ein strenges Regiment zu führen, zeigte sich in der Tat geradezu als Virtuosin in der modernen Windelei. Dem dicken Schorsch blieb nichts anderes übrig als ein tief empfundener Dank – außerdem musste er natürlich den zertretenen Bunker schön harken. Das Kind begann sofort wieder einen langen Ton von sich zu geben – es war wie eine Sirene und kein Mensch vermag zu erklären, wie in ein Baby so viel Luft hineinkommt, dass daraus ein so langer und durchdringender Schrei wird. Das Kind Edeltraut-Julitschka brachte es sogar fertig, weiter zu schreien, nachdem es vom dicken Schorsch mit einem Fläschchen versorgt wurde, welches sich überraschenderweise in dem Bag befand, in dem er sonst seine Schläger aufbewahrt.

Der Pillenpeter und meine Wenigkeit hielten es für völlig falsch, das Kind wieder oben aufzufüllen, wo wir es doch gerade mit sehr viel Mühe und nur mit der Hilfe von Frau von Kronzky geschafft hatten, es unten wieder zu entleeren. Aber der dicke Schorsch sagte, das muss so sein und brachte es sogar fertig, die Gruppe mit den vier Damen durchspielen zu lassen, was wir unter normalen Umständen nie und nimmer getan hätten.

**ULI KAISER**

# Die schöne Gepflogenheit der üblen Nachrede

Am letzten Donnerstag passiert uns etwas Blödes, denn wie wir an den ersten Abschlag kommen, geht es da zu wie auf dem Hauptbahnhof, weil da irgendein Mensch beschließt, seinen Geburtstag mit einem kleinen Turnier zu feiern – er bezahlt auch alles ordentlich, so dass ein Protest völlig zwecklos ist, und nur der dicke Schorsch geht sofort ins Sekretariat, wo er auf seinen dicken Hals hinweist und seine Rechte erwähnt, die es in Wirklichkeit gar nicht gibt. Das bedeutet, dass vor uns noch mindestens fünf oder sieben Gruppen abschlagen, so dass wir rund eine Stunde warten. Dabei weiß jeder ordentliche Mensch bei uns im Club, dass der dicke Schorsch, der Pillenpeter und meine Wenigkeit seit fast hundert Jahren jeden Donnerstagnachmittag unsere Runde spielen – und wenn da einer mit seinem Geburtstag dazwischen kommt, dann zeigt das nur, dass er keine Ahnung hat von den großen Traditionen dieser Welt.

Was nun unsere Dreier-Gruppe anbetrifft, so hocken wir auf der Bank und lauern, ob wir vielleicht irgendwann dazwischen springen können, aber die anderen passen genau auf, dass alles seine Richtigkeit hat. Der einzige Vorteil, der sich für uns ergibt, ist die Beobachtung von jenen Leuten, die diesen Donnerstagnachmittag besetzen, was gar nicht so schlecht ist, denn es führt mit Sicherheit zu der schönen Gepflogenheit der üblen Nachrede, die ungemein interessant ist, weil sich über jeden am ersten Abschlag etwas sagen lässt, was ihm nicht gefällt.

Der dicke Schorsch fängt damit an, als ein Typ abschlägt, den wir als Klausemann kennen – manche Damen sagen auch Kläuschen zu ihm. Von Klausemann weiß jeder, dass er der geizigste Bürger in der Republik ist, aber an diesem Tag hat er eine Dame dabei, die ungefähr so aussieht wie ein Vierer –Eisen und von diesem Spiel so viel Ahnung hat wie ein Driver von der Milchwirtschaft. Aber Klausemann ist offensichtlich ganz verrückt nach dem Vierer-Eisen und stiftet ihr sogar einen Ball, wobei man wissen muss, dass Klausemann nur mit gefundenen Bällen spielt, die er mit milder Seifenlauge zum Strahlen bringt, fast wie neu. Er steckt ihr sogar das Tee auf und legt den Ball darauf – er hätte am liebsten auch noch den Ball für sie geschlagen, aber sie haut selber und zwar gleich in den zwanzig Meter entfernten Bach und wer genau hinschaut, sieht die Tränen im Auge von Klausemann. Der Pillenpeter sagt, er kennt die Dame – sie hat einen Vater, der eine eigene Anlage hat, so dass Klausemann im Falle eines Falles viel Greenfee spart, was ja ein starkes Argument ist. Gesetzt den Fall, Klausemann verursacht dem Vierer-Eisen vielleicht ein kleines Wedge – das muss einem ja ein Ball wert sein.

In der nächsten Gruppe erscheint eine etwas abenteuerlich wirkende Dame namens Frau von Kronzky, die sich zuerst einmal den Schläger über den Rücken hält, wobei sie sich lustvoll stöhnend verdreht, was im Gegenlicht ein bisschen so aussieht, als sei sie von einem Speer durchbohrt worden. Dann blickt sie das Fairway herab wie Napoleon bei Austerlitz. Schließlich setzt sie den Schlägerkopf hinter den Ball – vorsichtig, damit er nicht zerplatzt – und legt jeden Finger der linken Hand um den Griff, sorgfältig, als ob sie prüft, ob sie noch alle Finger hat. Dann folgt die gleiche Zeremonie mit der rechten Hand. Der dicke Schorsch, der Pillenpeter und meine Wenigkeit folgen stumm diesem spannenden Schauspiel. Anschließend erfreut Frau von Kronzky unser Auge mit einem sonderbaren Trippeltanz, wie man ihn im Fernsehen als Fruchtbarkeitszeremonie bei den Pygmäen in Neuguinea sehen kann. Dann folgt ein schreckliches Zucken, das durch einen hektischen Schwung beendet wird. Während der Ball sich noch bewegt, dreht sie sich um und fragt den völlig überraschten Pillenpeter, ob er gesehen habe, welchen Fehler sie be- ▶

> **Die Rede von ihrer eventuellen Vergangenheit könnte auch von dieser Bluse stammen**

## DIE SCHÖNE GEPFLOGENHEIT DER ÜBLEN NACHREDE

ging. Der Pillenpeter sagt sehr richtig, sie habe den Ball dort drüben in die Büsche geklopft, aber Frau von Kronzky sagt, das sei völlig falsch, denn ihr Schläger habe den Bogen gekreuzt. Worauf der Pillenpeter entgegnet: „Aha!"

In der nächsten Gruppe spielt der schöne Heinrich. Kein Mensch weiß, wie der schöne Heinrich wirklich heißt, was aber auch keine Rolle spielt, denn der schöne Heinrich wird so genannt, weil er den schönsten Schwung im ganzen Club hat. Um der Wahrheit die Ehre zu geben: Der schöne Heinrich leidet entsetzlich darunter, dass er einen so schönen Schwung hat. Jeder, der den schönen Heinrich einmal beobachtet hat, sagt bewundernd, wie schön doch der Schwung vom schönen Heinrich ist – voller Harmonie, leicht und locker. Aber der schöne Heinrich hat noch nie eine Runde unter hundert gespielt, sein Ball vollzieht die seltsamsten Kurven. Dabei stimmt alles – der Rückschwung, die Gewichtsverlagerung, gute Schultern – wenn er mit seinem Schwung am Ende ist, steht er da wie das Denkmal eines Golfspielers. Nur: Er trifft irgendwie den Ball nicht und die teuersten Trainer verzweifelten an seinem schönen Schwung. Ein schöner Schwung ist genauso schlimm wie ein schlechter Schwung – wenn man den Ball nicht trifft. Der dicke Schorsch, der Pillenpeter und meine Wenigkeit schauen dem schönen Heinrich gespannt hinterher – es sieht wunderbar aus, aber dieses Mal hat er den Ball überhaupt nicht getroffen.

Der Pillenpeter schlägt vor, ins Clubhaus zu gehen, wo man Kaffee trinken kann und eventuell einen frischen Streuselkuchen kriegt, aber der dicke Schorsch und meine Wenigkeit sind dagegen, weil sich eventuell weitere Spielergruppen dazwischendrängen können und dann wird es irgendwann auch einmal dunkel, so dass der ganze Donnerstagnachmittag verloren ist. Außerdem kommt jetzt eine Dame namens Frau Kaludrigkeit an den Abschlag, von der es heißt, sie habe eine Vergangenheit, obgleich sie ganz und gar nicht so aussieht. Sie hat Schuhe an den Füßen, bei denen man sich nicht sicher ist, ob es sich dabei um die abgelegten Fußballstiefel eines längst ebenfalls abgelegten Gatten handelt. Sie trägt Cordhosen und schlichte Blusen, die ihre Schlichtheit verlieren, weil sie nichts drunter trägt, was ihrer Figur vor allem beim Schwung etwas ganz besonders Schwungvolles verleiht. Die Rede von ihrer eventuellen Vergangenheit könnte auch von dieser Bluse stammen. Der Pillenpeter, der dicke Schorsch und meine Wenigkeit blicken der Frau Kaludrigkeit etwas verträumt hinterher und der Pillenpeter sagt versonnen: „Achja!"

Schließlich erscheint ein gewisser Herr Schitz am Abschlag, der dem dicken Schorsch, dem Pillenpeter und meiner Wenigkeit sehr bekannt ist, weil es sich bei ihm um den Weltmeister der Ausreden handelt – das heißt, er legt größten Wert darauf, dass es sich um keine Ausreden handelt, sondern um Erklärungen. Nach einem Halbmeter-Putt, den er daneben schiebt, erklärt er, dass es ihn ein wenig nervös macht, dass sein Sohn den Ferrari heute Morgen zu Schrott gefahren habe und dabei den Streifenwagen der Polizei rammte. Oder er berichtet, dass

er sich Gedanken über die Tochter macht, die heute früh mit ihrem Guru aus Indien nach Hause kommt und das Haus zu einer Art Gemeindezentrum umbauen will. Oder dass er sich ein wenig müde fühlt, obgleich er sich heute Morgen um sechs, als er aus der Papagallobar kam, noch völlig frisch fühlte. Oder dass bei ihm zu Hause ein Feuer im Dachstuhl ausgebrochen sei und seine Frau hoffentlich die Feuerwehr erreicht habe. Mitunter neigt Herr Schitz allerdings auch zu Übertreibungen. Einmal brachte er es fertig, einen Putt aus zehn Zentimeter neben das Loch zu schieben und zu erklären: „Meine Frau ist letzte Nacht gestorben – es nimmt mich doch sehr mit!"

**S**chließlich kommen der dicke Schorsch, der Pillenpeter und meine Wenigkeit auf den Abschlag, aber es ist keine gute Runde – wahrscheinlich sind wir zu stark abgelenkt worden.

**ULI KAISER**

# Das andere Garten-Spiel

Eines Tages stehen wir am Donnerstagnachmittag am Abschlag, was im Grunde genommen nichts Besonderes ist, denn wir stehen jeden Donnerstagnachmittag dort – also wir stehen da am Abschlag, da äußert sich der Pillenpeter über das Leben als solches und der dicke Schorsch meint, dass er das schon immer gesagt hat. Meine Wenigkeit zeigt sich von solchen Gesprächen nicht besonders beeindruckt und außerdem schlage ich als Erster ab, weil bei uns die Ehre immer der hat, der sie vor einer Woche am Donnerstagnachmittag am letzten Loch kriegte – und was mich anbetrifft, so habe ich vor einer Woche das letzte Loch ganz überlegen mit einem Bogey für mich entschieden. Der dicke Schorsch und der Pillenpeter haben das für reines Glücksspiel gehalten, woraus aber nur der blanke Neid spricht, denn gewonnen ist gewonnen.

Nachdem wir also die üblichen Freundlichkeiten ausgetauscht haben und zu den drei Bällen gehen, die an diesem Tag seltsamerweise praktisch nebeneinander auf dem Fairway liegen, was nur sehr selten vorkommt – also da erhebt der Pillenpeter die Stimme und erklärt, dass er den dicken Schorsch und meine Wenigkeit im weiteren Verlauf dieses Jahres vernichten wird, was das Spiel anbetrifft, denn er wird seinen Garten völlig umbauen und als Trainingswiese verwenden.

Der dicke Schorsch findet gleich die richtigen Wörter und sagt, der Pillenpeter ist völlig größenwahnsinnig und übergeschnappt, denn sein an sich recht hübscher Garten, in dem sich im Lauf der Zeit ein wundervoller Teppich aus erstklassigem Löwenzahn gebildet hat, ist vielleicht hundert Quadratmeter groß, was für eine Übungswiese ein bisschen klein ist – ich erlaube mir die Bemerkung, dass es schon Schläge beim Pillenpeter gegeben hat, die nicht weiter als fünf Meter waren, so dass der Garten vielleicht doch ausreicht. Außerdem wissen wir alle, dass sich im Garten vom Pillenpeter auch noch ein winziges Schwimmbad befindet, ungefähr drei mal acht Meter, in dem ein erwachsener Mensch immer an die Wände stößt, was einige Schmerzen bereiten kann.

Es ist nämlich so, dass der Pillenpeter eine einträgliche Apotheke betreibt, wie es sich sicherlich herumgesprochen hat – und obendrein hat er eine Gemahlin, die außerordentlichen Wert darauf legt, als Frau Apotheker angesprochen zu werden. Außerdem hat sie vor einigen Jahren den Pillenpeter unter Aufbietung von nahezu körperlicher Gewalt dazu gezwungen, in den Garten dieses Schwimmbad zu bauen. Solche besseren Tümpel gehörten früher einmal zu den Zeichen eines gewissen Wohlstandes, wogegen zunächst einmal gar nichts zu sagen ist, denn wie wir alle wissen ist es sehr gesund, wenn man schwimmt – für den Rücken und auch für den Kreislauf, aber am allermeisten hilft es den Erbauern solcher Bäder, die sich

> **Der dicke Schorsch schämt sich jemanden zu kennen, der auf einem Plastikrasen spielt, pfuideibel**

dafür bezahlen lassen. Übrigens ist die erwähnte Gemahlin vom Pillenpeter auch noch eine besonders sparsame Person, die dem Pillenpeter damals einen Spaten kauft, mit dem er das Loch im Garten ausgraben muss, was ungefähr so beschwerlich ist wie wenn der Pillenpeter einen Tunnel unter die Alpen gegraben hätte. Die Folgen dieser Maulwurf-Arbeit zeigen sich darin, dass der Pillenpeter in jenem Jahr wochenlang fehlt, wenn wir am Donnerstagnachmittag unsere Runde spielen – er muss nicht nur das Bett hüten, sondern seine eigenen Pillen fressen und eine überaus lästige Gymnastik absolvieren, wegen der Schmerzen im Kreuz.

Im Laufe der Jahre ergibt es sich, dass der Mensch seinen Wohlstand auf eine andere Art vorzeigt – auf jeden Fall will kaum noch einer ein Schwimmbad im Garten haben, welches übrigens jetzt als Swimming Pool bezeichnet wird, was aber die Lage nicht verbessert. Der neue Name ändert nichts daran, dass der künstliche Teich einige Unterhaltskosten verursacht – für das Geld kann man einige Male warm essen gehen und zwar mit Getränken – außerdem hat das Ding einen Filter, der immer dann verreckt, wenn der Monteur vom Service gerade in Ferien ist oder bei einer anderen Baustelle, schließlich fallen im Herbst die Blätter von den Bäumen in den See und im Sommer ertrinken die Igel darin, was immer eine gewisse Sauerei ▶

## DAS ANDERE GARTEN-SPIEL

darstellt, denn Igel sind niedlich, aber sie haben Flöhe und Zecken, und wenn sie tot sind, muss der Pillenpeter sie herausfischen.

Die erwähnten Service-Leute für das Schwimmbad haben sich inzwischen umschulen lassen und beschäftigen sich jetzt mit dem Bau von Anlagen für dieses Spiel. Da es nur in ganz seltenen Fällen vorkommt, dass einer einen Garten hat, der ungefähr vierzig Hektar groß ist, bauen sie nur ein Grün mit bis zu drei Löchern – damit sind wir wieder beim Pillenpeter, der uns die Vorteile dieses Grüns erklärt, mit dessen Hilfe er den dicken Schorsch und meine Wenigkeit in diesem Jahr vernichten will und zwar an jedem Donnerstagnachmittag, den es gibt. Der dicke Schorsch sagt darauf, dass der Pillenpeter nicht alle Tassen im Schrank hat und ungefähr genauso viel Talent für dieses Spiel besitzt wie ein an Vogelgrippe erkranktes Segelflugzeug, wobei man wissen muss, dass bei uns im Club gleich nebenan ein Platz für Segelflieger ist – sonst wäre der dicke Schorsch nie auf diesen schönen Vergleich gekommen. Was meine Wenigkeit anbetrifft, so frage ich den Pillenpeter, ob seine mehrfach erwähnte Gemahlin ihm erneut einen Spaten schenken wird, damit er das Loch, in dem sich das Schwimmbad befindet, wieder zuschaufeln kann, um darauf einen kleinen Hügel für das Grün zu errichten.

Der Pillenpeter erklärt daraufhin, dass seine sparsame Gemahlin allergrößten Wert darauf legt, die Anlage in seinem Garten von den besten Fachleuten herstellen zu lassen, was beim dicken Schorsch und meiner Wenigkeit allergrößtes Erstaunen auslöst. Es kommt sogar vor, dass wir drei an diesem Donnerstagnachmittag vor lauter Staunen ein bisschen langsam spielen, so dass der Typ, der bei uns den Marschall mimt, vorbeikommt und sagt, wir sollen etwas schneller machen, weil sich hinter uns sogar die Gruppe mit den Damen schon beschwert hat. Der dicke Schorsch lässt sich davon nicht besonders beeindrucken – er sagt, er will jetzt wissen, wie der Pillenpeter seinen Garten missbraucht und wenn es unbedingt sein muss, lässt er die Damen eben durchspielen, was er noch nie in seinem Leben tat. Der Pillenpeter erklärt daraufhin, er wird im Auftrag seiner Gemahlin einen sogenannten Bausatz kommen lassen – darin befinden sich ein weiterer Spaten, drei Dosen für die Löcher und drei Fahnen, die aller Wahrscheinlichkeit nach dem Garten sehr zur Zierde gereichen; außerdem kann man je nach Kosten ein großes Paket Rasensamen sowie eine kleine Rasiermaschine bestellen – oder alternativ ungefähr zehn Quadratmeter Kunstrasen aus strapazierfähigem Nylon.

Der letzte Punkt versetzt den dicken Schorsch und meine Wenigkeit in tiefes Nachdenken, bis der dicke Schorsch die entscheidende Frage stellt, nämlich die, ob der Pillenpeter tatsächlich mit dem Gedanken spielt, einen Kunstrasen aus Nylon zu bestellen, was ja nun eine Sünde gegen die traditionellen Regeln dieses Spiels ist, und der dicke Schorsch sagt, dass der Pillenpeter dann den Rest seines Lebens im Garten verbringen soll, um mit seiner strengen Gemahlin das Putten zu üben. Der dicke Schorsch sagt dann noch, dass er sich

schämt, jemanden zu kennen, der die Traditionen so mit Füßen tritt und auf einem Plastikrasen spielt, pfuideibel, jawoll.

Am nächsten Donnerstagnachmittag aber kommt der Pillenpeter wieder angeschlurft und bevor der dicke Schorsch dazu noch eine Meinung abgibt, sagt der Pillenpeter, dass er eine längere Unterhaltung geführt habe. Was meine Wenigkeit anbetrifft, so erlaube ich mir die Frage, was denn nun ist mit seinem Grün im Garten und ob das Ding am ehemaligen Schwimmbad nun mit echtem Rasen angelegt wird, so dass er dreimal in der Woche mit seinem Rasierapparat darüber herfallen muss – aber der Pillenpeter winkt ab und sagt, dass die mehrfach erwähnte Gemahlin es sich anders überlegt hat. Der Pillenpeter sagt, dass ein Grün mit drei Löchern und Fahne doch zu wenig hermacht – die Gemahlin möchte jetzt lieber einen japanischen Garten anlegen lassen, der bekanntlich aus Steinen besteht, auf denen kein Mensch putten kann.

**ULI KAISER**

# Besuch aus dem Mittleren Westen

Kein Mensch kann sagen, dass wir am Donnerstagnachmittag und auch sonst im täglichen Leben etwas gegen die Weiblichkeit hätten, was sich schon allein darin ausdrückt, dass beispielsweise der Pillenpeter nun bereits zum dritten Male den Bund der heiligen Ehe eingegangen ist und der dicke Schorsch auch bereits so weit wäre, wenn er es nicht vorziehen würde, getrennt zu leben, was bei manchen Damen eine irgendwie abschreckende Wirkung hat – von meiner Wenigkeit gar nicht zu reden, weil jede Dame bestätigen wird, wie unglaublich reizend ich bin. Diese Vorrede ist nötig, wenn der dicke Schorsch auf einmal berichtet, dass er eine Tochter aus erster oder zweiter Ehe sein eigen nennt, für die er brav einen Dauerauftrag bei der Bank eingerichtet hat, damit die entsprechende Mutter keine Not zu leiden hat und einigermaßen gut von dem Vater spricht, was für die Erziehung von Kindern im Allgemeinen immer sehr wichtig ist. Das ist sehr einleuchtend, aber es interessiert den Pillenpeter und meine Wenigkeit nicht besonders, weil man im Frühjahr seinen Schwung finden muss, der irgendwo herumliegt – weiß der Himmel, wo.

Aber zwischen dem neunten Grün und dem zehnten Abschlag kommt der dicke Schorsch mit der ganzen Geschichte heraus – er sagt, dass diese Tochter aus erster oder zweiter Ehe zur Weiterbildung einen Schüleraustausch gemacht hat und zwar ganz tief in den mittleren Westen von Amerika, was bekanntlich so ungefähr der Arsch der Welt ist, was uns nicht weiter berührt, aber nun hat es sich ergeben, dass im Austausch eine junge Dame im Alter von runden sechzehn Lenzen aus dem mittleren Westen angereist ist, um die Kultur bei uns zu besichtigen und vor allem auch unsere achtzehn Löcher, wobei es sich ergeben hat, dass die erwähnte Tochter plötzlich ins Krankenhaus muss wegen dem Blinddarm, so dass in ganz Europa keiner sonst da ist, der dem amerikanischen Mädchen die Kultur zeigt.

Der Pillenpeter hat die Situation als Erster begriffen und sagt, dass er dagegen ist, irgendwelchen Gören aus dem mittleren Westen die Kultur zu zeigen, obgleich er ebenfalls die Meinung vertritt, dass unser Platz zu den Kulturdenkmälern des Abendlandes zu rechnen ist, aber der dicke Schorsch stöhnt und bettelt zum ersten Mal in seinem Leben und verspricht schon heute, die Rechnung nachher im Clubhaus zu übernehmen, weil er mit dem mittleren Western-Girl sonst ins Museum muss und wenn wir nichts dagegen haben, bringt er sie am nächsten Donnerstagnachmittag mit, wo er erneut die Rechnung zahlen will, nebst Getränken und warmem Abendessen, was den Pillenpeter und auch meine Wenigkeit versöhnlicher stimmt, weil wir ja grundsätzlich nichts gegen Weiblichkeit haben, wie jede Dame unserer Bekanntschaft aufs Herzlichste bestätigen wird.

Der Pillenpeter und meine Wenigkeit sind nun also am nächsten Donnerstag aufs Beste vorbereitet, wie wir da zum ersten Abschlag gehen, wo wir den dicken Schorsch bereits von weitem erkennen, wenn auch nur mit einiger Mühe, denn neben ihm steht die gewaltigste Sechzehnjährige nicht nur des mittleren Westens, sondern der ganzen Welt inklusive des wilden Westens und anderer Himmelsrichtungen. Das Austausch-Girl ist mindestens einhundertneunzig Zentimeter hoch und selbst der dicke Schorsch wirkt da irgendwie schmächtig, denn die junge Dame hat die beachtlichsten Oberarme der Vereinigten Staaten – gar nicht zu reden von den stämmigen Stampfern, die sie als Beine benutzt, unten mit Schuhgröße von mindestens vierundvierzig und nach oben zusammenlaufend in ein außerordentlich bemerkenswertes Gesäß – solche Menschen fallen nie um, weil sie eine sehr günstige Schwerpunktverlagerung haben, selbst wenn sie gestorben sind, muss man sie umstoßen. Dabei hat sie einen ausgesprochen hübschen Kopf mit richtigen blonden Haaren – sie sagt, sie heißt Agnes, und im Grunde genommen kann man da schon einmal einen Donnerstagnachmittag herschenken, wenn's nicht öfter vorkommt, was der dicke Schorsch auch sofort abstreitet – also diese Agnes ist eigentlich ganz nett, aber eben drei bis vier Nummern größer als ein normales sechzehnjähriges Mädchen, wie wir sie aus Gegenden kennen, die nicht im ▶

**Wenn sie den Mund aufmacht, blitzt eine Zahnspange aus edelstem Metall, was für ein begütertes Elternhaus spricht**

## BESUCH AUS DEM MITTLEREN WESTEN

mittleren Westen liegen, und wenn sie den Mund aufmacht, blitzt eine Zahnspange aus edelstem Metall, was für ein begütertes Elternhaus spricht.

Selbst der Pillenpeter, der sonst immer 'rumlästert, gibt sich auf einmal wie ein gütiger Vater von dieser jungen Riesin und sagt sehr väterlich, dass es sich hier um einen sehr schönen Golfplatz handelt, und dann zeigt er einen Ball und sagt väterlich, das ist ein Ball, und zieht seinen Driver aus der Tasche und sagt väterlich, das ist ein Driver. Die Riesin Agnes lächelt daraufhin ganz hinreißend edelmetallblitzend und sagt mit jenem Dialekt, wie er im mittleren Westen üblich ist, dass sie schon vier Wochen nicht mehr gespielt hat, aber in ihrer Heimat sonst mit Handicap sieben registriert ist.

Letztere Mitteilung sorgt beim Pillenpeter und bei meiner Wenigkeit für ein betroffenes Schweigen, während der dicke Schorsch von seinem Schüleraustausch schon früher genau weiß, was da auf uns zukommt, so dass man sein Schweigen eher als schuldbewusst einordnen kann, was aber keinen großen Unterschied macht, denn jegliche Art von Schweigen hört sich genauso an.

Das Schweigen hat seinen Sinn in der Feststellung, dass keiner von uns jemals ein Handicap sieben hat, noch jemals spielt noch jemals spielen wird, was weder den dicken Schorsch, noch den Pillenpeter und schon gar nicht meine Wenigkeit besonders berührt, weil wir am Donnerstagnachmittag eher Wert auf die charakterliche Stärke legen als auf einen krankhaften Ehrgeiz, der ein Handicap sieben zur Folge hat. Das ändert allerdings nichts an der Tatsache, dass wir alle drei so tun, als ob wir immer mit sechzehnjährigen Riesinnen aus dem mittleren Westen mit Handicap sieben spielen – aber da es sich ohne jeden Zweifel um ein weibliches Wesen handelt, muss sie warten, bis wir unsere außerordentlich mächtigen Abschläge absolvieren und die entsprechenden Erklärungen dazu geben und zwar simultan übersetzt in den Dialekt des mittleren Westens. Die Riesin Agnes schaut sich das sehr ernsthaft an, zieht dann ein ziemlich abgefummeltes Dreier-Holz aus dem geliehenen Sack und feuert mit einem unglaublich sanften Schwung den Ball bis etwa vierzig Meter vor das Grün – um das schon einmal vorwegzunehmen: mit dem fremden Sandwedge legt sie den Ball ungefähr dreißig Zentimeter neben die Fahne und nach dem Birdie sagt sie, dass das wohl ein eher einfaches Loch ist. Der dicke Schorsch blickt sehr stolz um sich, weil es ja seine Schüleraustauschriesin ist, von meiner Wenigkeit hört der liebe Gott ein innerliches Knurren und beim Pillenpeter erkennt man an der Bewegung mahlender Backenknochen, dass er ein seelisches, will sagen, psychologisches Problem mit sich herumträgt. Ehrlich gesagt ist es so, dass wir es nicht besonders gern haben, wenn wir am Donnerstagnachmittag bei unserer Runde von irgendwelchen fremden Leuten nassgemacht werden – schon gar nicht, wenn sie sechzehn sind und riesig und aus dem mittleren Westen und vor allem weiblich, wenn auch drei Nummern zu groß.

Andererseits ist uns natürlich vor allem am pädagogischen Wert des Schüleraustausches

und der Völkerfreundschaft gelegen und das auch noch im Sinne der transatlantischen Staatengemeinschaft, so dass wir der Riesin aus dem mittleren Westen erheblichen Beifall spenden und zwar vor allem in der Hoffnung, dass sie ja irgendwann auch einen Einbruch erleben wird auf unserer Runde – was sich allerdings dann als sehr trügerische Hoffnung herausstellt, denn sie spielt eine Neunundsiebzig, was ja nicht ganz schlecht ist für jemand mit geliehenen Schlägern auf einem unbekannten Platz und nur im Sinne der erwähnten Völkerfreundschaft und der versprochenen Übernahme der Rechnung durch den dicken Schorsch für den Pillenpeter und meine Wenigkeit erträglich wird.

Im Clubhaus erklärt der dicke Schorsch, warum im mittleren Westen vor allem sechzehnjährige Riesinnen sehr gut gedeihen, aber der Pillenpeter ist völlig anderer Meinung, was diese Schüleraustausch-Agnes nicht mitkriegt, weil sie unsere Sprache nicht versteht. Aber als sie mit ihrem Dialekt aus dem mittleren Westen sagt, dass sie gerne am nächsten Donnerstag wieder mitspielen möchte, sagt der dicke Schorsch, dass seine getrennt lebende Tochter dann wieder aus dem Krankenhaus ist und sich persönlich um sie kümmert. Das ist eine erfreuliche Mitteilung, obgleich wir selbstverständlich nichts gegen sechzehnjährige Riesenweiber haben.

ULI KAISER

# Das Proshop-Palaver

An diesem Donnerstagnachmittag bin ich ein halbes Stündchen zu früh, weil der Termin beim Zahnarzt ausgefallen ist, und deshalb gehe ich noch schnell in den Proshop, wo sie vielleicht in dem Korb mit den gebrauchten Bällen einige ziemlich unversehrte Exemplare haben, die es für ein erschwingliches Geld gibt, und wie ich reinkomme, steht schon der dicke Schorsch da und schäkert mit der Dame, die neuerdings die Geschäfte im Proshop regelt und bisher vor allem durch die Tatsache auffällt, dass sie die Pullover von ihrer kleinen Schwester aufträgt – auf jeden Fall ist der Pullover ziemlich eng, was allerdings auch daran liegen kann, dass er bei der letzten Wäsche zu heiß gewaschen wurde, was unweigerlich dazu führt, dass er einläuft, der Pullover.

Der dicke Schorsch sieht mich nicht gleich und deshalb höre ich, wie er der neuen Proshop-Dame gerade die Notwendigkeit erklärt, man kann sich ja auch einmal außerhalb des Klubs treffen, vielleicht im Kino oder bei einem kleinen Abendmahl, wobei mir einfällt, dass der dicke Schorsch für seine Kniepigkeit einen ziemlich schlimmen Ruf hat, was dazu führt, dass ein kleines Abendmahl tatsächlich ein ziemlich kleines Abendmahl ist, das heißt, er wird sich wahrscheinlich eine unglaubliche Currywurst leisten und dabei auch noch von der rustikalen Romantik eines Würstchenstandes schwärmen, vielleicht sogar ein Gedicht aufsagen, obgleich Gedichte über Currywürste einigermaßen selten sind. Immerhin muss man zugeben, dass der dicke Schorsch mit seinem ziemlich unsittlich gemeinten Angebot kaum irgendwelche familiären Angelegenheiten verletzt, er lebt nämlich seit langen Jahren getrennt, sagt er.

Während ich in meinen Gedanken bin, hat der dicke Schorsch mich gesehen und kriegt sofort eine geschäftliche Stimme, mit der er erklärt, dass er zwei Spikes kaufen möchte und zwar aus Plastik hergestellt, weil er die bei seinem unglaublich harmonisch-athletischen Schwung aus der Schuhsohle gerissen hat, was die Proshop-Dame aber mit dem Hinweis ablehnt, dass sie die Plastikspikes nur in einer Packung verkauft, in der sich fünfundzwanzig Plastikspikes befinden, was den dicken Schorsch in seiner stark entwickelten Sparsamkeit aber mitten ins Herz trifft und zu der entscheidenden Frage animiert, was er denn mit den übrigen dreiundzwanzig Plastikspikes anfangen soll, wobei sich auch noch das Problem ergibt, dass bei fünfundzwanzig Plastikspikes geteilt durch zwei Schuhsohlen ja wahrscheinlich sowieso ein Plastikspike übrigbleibt, was für den dicken Schorsch schwer nachvollziehbar ist.

Die Proshopdame indessen ist ein bisschen sauer, weil auf einmal keine Rede mehr von einer Abendmahlzeit ist beim dicken Schorsch und fragt deshalb meine Wenigkeit nach dem entsprechenden Wunsch, worauf ich zu dem Korb mit den Fundbällen aus zweiter oder dritter Hand gehe und ein bisschen wühle nach den teueren Exemplaren, nach Möglichkeit ohne Firmenaufdruck. Wie ich da wühle, steht der Pillenpeter in der Tür und sagt, da seid ihr ja, und, ich suche euch schon eine halbe Stunde, aber dann entdeckt er den Pullover der neuen Proshopdame und kriegt sofort einen Kikeriki-Blick wie ein feuriger Suppenhahn, der sich eines von den sündteuren Hemdchen kaufen will, welche im Proshop ungefähr das Dreifache von dem kosten, was man drinnen in der Stadt im Schlussverkauf dafür ausgibt.

**Das unglaubliche Durcheinander im Proshop führt dazu, dass ich einen Ball mehr kriege als ich bezahle**

Außerdem kommt der Pillenpeter mit der Proshopdame sofort auf die Probleme des Einzelhandels zu sprechen und schlägt vor, dass die Proshopdame doch unbedingt auch eine Abteilung für Kopfschmerztabletten, Abführmittel, Creme gegen Muskelzerrung und Pflaster gegen Blasen bei neuen Schuhen einrichten soll, und er will ihr gerne helfen mit den Sachen aus seiner Apotheke und die Sache unbedingt mit ihr besprechen, wenn wir mit unserer Donnerstagnachmittagsrunde fertig sind, was die lebenserfahrene Proshopdame mit mäßigem Interesse zur Kenntnis nimmt. Während meine Wenigkeit in dem Korb mit den gebrauchten Fundbällen zu je einem Euro herumwühlt, entwickelt sich in dem Proshop das allgemeine Balzen um die Dame mit dem engen Pullover, die das offensichtlich sogar genießt, während der dicke Schorsch seinen Werbungsvorsprung dahinschwinden sieht, weil zwei Plastikspikes kein besonders starkes Argu- ▶

## DAS PROSHOP-PALAVER

ment sind gegen die angebotene Einrichtung einer kompletten Kleinapotheke, wie sie der Pillenpeter verspricht, während ich mich da sowieso 'raushalte, denn man weiß ja nie, worauf es die Damen anlegen.

Deshalb schwenkt der dicke Schorsch in jene Proshopecke, wo die Fünfhunderteuroschläger stehen, und greift sich den Prügel mit dem allerdicksten Kopf zu einem Probeschwung, was nun leider zur Folge hat, dass er mit dem harmonisch-athletischen Rückschwung an das Regal mit den Handschuhen kommt, welches für derartige Beanspruchungen offensichtlich nicht installiert ist und sich deshalb mit einem tiefen Seufzer aus den Dübeln in der Wand löst, was nicht weiter schlimm ist, aber unter dem Regal befinde sich die gläserne Vitrine mit den unglaublich geschmackvollen Gabeln, die man zur Entfernung von Pitchmarken unbedingt benötigt, sowie versilberte Korkenzieher, Flachmänner und Feuerzeuge mit Vereinswappen. Das Glas der Vitrine ist allerdings stabiler als man denkt und es entsteht lediglich ein Sprung im Glas, der sich in schönem Bogen quer von Vitrinenecke zu Vitrinenecke hinzieht.

Die Proshopdame ist aber keineswegs von der ästhetischen Schönheit des Sprunges im Glas besonders angetan und redet von einem höheren Versicherungsschaden, für den der dicke Schorsch aufkommen soll, was diesen allerdings nicht besonders erfreut und auch nur wenig Gegenliebe erzeugt, trotz dem eingelaufenen Pullover – richtig sauer wird der dicke Schorsch aber erst, als der Pillenpeter sich gegen alle Gewohnheit auf die Seite der Proshopdame schlägt und den dicken Schorsch mit schrecklichen Vorwürfen bombardiert, weil der durch seine Unbedachtsamkeit die geschäftliche Zukunft einer jungen Unternehmerin auf dem Gebiet des Golfspiels in Gefahr bringt, was von großer Verwerflichkeit im charakterlichen Sinne zeugt.

Der dicke Schorsch sagt, er will ja nur einmal den dicken Schläger ausprobieren und was kann er denn dafür, wenn das Regal mit den Handschuhen nicht ordentlich befestigt ist und schon von einem Luftzug auf das Vitrinenglas fällt, wo er doch eigentlich nur zwei Spikes aus Plastik kaufen will, weil die Spikes aus Stahl aus Gründen der Grünschonung verboten sind, obgleich man die nie und nimmer verloren hat – zur gleichen Zeit jammert die Proshopdame über den Sprung im Vitrinenglas, während der Pillenpeter der erwähnten Dame klarmacht, dass er gleich morgen mit den Mitteln gegen Kopfschmerzen, Durchfall, Blasen und sonstige Wunden antanzt, wenn er jetzt das sündhaft teure Hemd zum Einkaufspreis kriegt, was die Proshopdame aber ablehnt. Und ich stehe da mit zehn gebrauchten Bällen, das Stück zu einem Euro – das heißt, es sind eigentlich elf Bälle und ich hoffe, dass sie nicht nachzählt, oder wenn sie nachzählt, dass sie sich verzählt, auf jeden Fall rechne ich damit, dass das unglaubliche Durcheinander im Proshop wenigstens dazu führt, dass ich einen Ball mehr kriege als ich bezahle.

So kommt es also, dass die neue Proshopdame in ihrem aufsehenerregenden Pullover, der dicke Schorsch, der Pillenpeter sowie meine Wenigkeit gleichzeitig eine recht laut-

starke Kommunikation betreiben, die außerordentlich eindrücklich an die Geräuschentwicklung auf einem neapolitanischen Fischmarkt erinnert, wo es aber bekanntlich keine gebrauchten Bälle aus zweiter oder dritter Hand gibt – auch keine Plastikspikes und keine Grundausstattung für kleinere Apotheken. Obgleich ich in meiner Wenigkeit sonst nicht dazu neige, entwickle ich einen genialen Gedanken und lege einen Zehner auf die zersprungene Glasplatte mit dem Hinweis, dass ich zehn Bälle mitnehme und außerdem endlich abschlagen will, weil wir das an jedem Donnerstagnachmittag tun – auch schon zu Zeiten, als es im Proshop noch keine zu engen Pullover gab und die dazugehörigen Damen wahrscheinlich noch als Quark im Schaufenster eines Lebensmittelgeschäfts lagen.

Der dicke Schorsch und der Pillenpeter erinnern sich da ebenfalls an den Zweck des Daseins am Donnerstagnachmittag, so dass es sogar noch eine gute Donnerstagsnachmittagsrunde wird – vor allem auch, weil es mir gelungen ist, einen noch ziemlich neuen Ball gratis mitgehen zu lassen, was natürlich strafrechtlich Betrug oder Diebstahl ist. Aber mein schlechtes Gewissen hält sich im Rahmen.

**ULI KAISER**

# Die Tage, von denen wir sagen, sie gefallen uns nicht

Über den dicken Schorsch kann einer sagen, was er will, aber manchmal trifft er den Nagel auf den Kopf, wenn wir am Donnerstagnachmittag auf unserer Runde sind – das heißt, der dicke Schorsch, der Pillenpeter und meine Wenigkeit. An diesem Donnerstagnachmittag beispielsweise zitiert der dicke Schorsch aus dem Buch der Bücher einen außerordentlich inhaltsschweren Satz, der folgendermaßen geht: „Das sind die Tage, von denen wir sagen, sie gefallen uns nicht!" Damit auch der dümmste Idiot merkt, wie klug er ist, fügt der dicke Schorsch gleich noch hinzu, dass diese Weisheit in den Büchern von einem Kerl namens Salomon steht, die sowieso höchstens der Herr Pfarrer gelesen hat.

Der Pillenpeter, der seinen Lebensunterhalt durch die überhöhten Preise in seiner Apotheke bestreitet, und meine Wenigkeit überlegen uns bei solchen Gelegenheiten immer wieder, wo der dicke Schorsch das herhat, denn er gilt in seiner weiteren Bekanntschaft keineswegs als einer, der einen besonderen Zugang zur hohen Literatur oder zum Buch der Bücher hat, was sich übrigens in seinem Spiel kein bisschen bemerkbar macht, obgleich ja immer wieder behauptet wird, dass einer mit biblischen Kenntnissen auch einen guten Abschlag haben muss, obgleich das nicht unbedingt besonders logisch erscheint.

Davon kann auch an diesem Donnerstagnachmittag keine Rede sein, denn der dicke Schorsch haut den Ball beim ersten Abschlag mit gewaltiger Präzision in den Baum, den der geisteskranke Golfplatzarchitekt wegen der schöneren Landschaft sechzig Meter weiter vorn auf der rechten Seite hat stehen lassen, obgleich keiner bei uns im Club jemals diesen Baum vom Gesichtspunkt der Landschaftsverschönerung betrachtet hat, sondern immer nur wie der dicke Schorsch, der auch laut und deutlich Scheiße sagt und bekanntgibt, dass er einen Provisorischen hinterher schlagen will, weil ein Ball, der von diesem angeblich ästhetischen Baum abprallt, meistens erst nach drei oder vier Jahren gefunden wird. Der Pillenpeter und meine Wenigkeit nehmen das innerlich mit einiger Befriedigung zur Kenntnis, äußern jedoch laut unser tiefstes Mitleid, weil der dicke Schorsch so unglaublich viel Pech hat und wir an diesem Donnerstagnachmittag extra vorher beschlossen haben, keinen Mulligan heute.

**Der dicke Schorsch würde seine Schläger gleich nach dieser Abschiedsrunde der Jugendabteilung stiften**

Nachdem der dicke Schorsch auf diese bedauerliche Weise den Donnerstagnachmittag eröffnet, ist der Pillenpeter dran mit dem Abschlag, aber der schwört beim Barte seiner Großmutter, dass die Reihe ehrenhalber an meiner Wenigkeit ist, was mich völlig unvorbereitet trifft, aber um des lieben Friedens willen und um das schnelle Spiel nicht aufzuhalten, erkläre ich mich schließlich dazu bereit, wenn auch nur unter Protest. Die Folgen sind nicht besonders befriedigend, denn der Ball zischt flach davon, wie man lediglich gegen die starken schottischen Winde spielen soll – in diesem Falle aber prallt der Ball gegen den Ballwascher, den der hirnrissige Greenkeeper am Damenabschlag aufgebaut hat – von dem Ballwascher wäre der Ball in den seitlichen Teich geflogen, wenn er nicht mit hellem Klang den Papierkorb trifft – und von diesem Papierkorb mit trockenem Knacken an die rote Markierungskugel am Damenabschlag prallt. Da die unglaubliche Energie immer noch nicht aufgebraucht ist, die durch meine Muskelkraft und den Hebel des Schlägerschaftes freigesetzt ist, kommt der Ball in schönem Bogen jetzt auf mich zugesegelt und bleibt etwa einen Meter vor mir liegen.

Der dicke Schorsch kriegt daraufhin eine Art Krampf, der ihn zu Boden schmettert und zwar mit einem blauroten Kopf, aber bei näherer Betrachtung stellt sich heraus, dass es eher ein Lachkrampf ist, während der Pillenpeter die Situation mit ergriffenem Schweigen zur Kenntnis nimmt, wobei ich nicht ausschließen möchte, dass er sich innerlich ebenfalls halb totlacht, weil er mit einiger Sicherheit davon ausgeht, das erste Loch gegen den dicken Schorsch und meine Wenigkeit zu gewinnen. Was meine Wenigkeit anbetrifft, so wird die plötzlich eintretende Depression noch durch die Tatsache verstärkt, dass der dicke Schorsch und der Pillenpeter im Chor ein fröhliches Prost anstimmen, was meiner Wenigkeit wirklich keinen Grund zur Fröhlichkeit bietet. ▶

## DIE TAGE, VON DENEN WIR SAGEN, SIE GEFALLEN UNS NICHT

Was den Abschlag vom Pillenpeter angeht, so muss man wissen, dass es sich dabei um einen außerordentlich individuellen Bewegungsablauf handelt, der bei jedem Mitspieler immer wieder eine stille Bewunderung hervorruft – das trifft sogar auf den dicken Schorsch und meine Wenigkeit zu, obgleich wir diesen extremen Bewegungsablauf vom Pillenpeter jeden Donnerstagnachmittag sehen, manchmal sogar bei Regen. Aber dieser ist bekanntlich einer von jenen erwähnten Tagen, von denen wir sagen, sie gefallen uns nicht, und deshalb spritzt der Ball gegen alle physikalischen Gesetze in einem rechten Winkel nach rechts, wo sich in fünfzig Metern ein Übungsgrün befindet, auf welchem eine uns bisher unbekannte Dame den flachen Roller übt und bei dieser Übung durch den Ball vom Pillenpeter unterbrochen wird, weil ihr dieser – der Ball, nicht der Pillenpeter – irgendwie an das ansonsten leidenschaftslose Gesäß fliegt, was einen schrecklichen Schmerzensschrei zur Folge hat.

In einem solchen Fall zahlt es sich aus, dass wir seit Jahrzehnten jeden Donnerstagnachmittag zusammen spielen – keiner von uns verfolgt den Flug des Balles vom Pillenpeter, der jene schmerzensreiche Dame trifft, sondern wir blicken in Richtung Fairway, als ob wir den herrlichen Flug des Pillenpeterballes verfolgen, so dass wir gar nicht erst in den Verdacht geraten, für den Gesäßschmerz verantwortlich zu sein, was allerdings nichts daran ändert, dass wir an diesem Donnerstagnachmittag alle drei einen recht unbefriedigenden Beginn erleben, wobei ich in meiner Wenigkeit bescheiden darauf hinweise, dass mein Ball am allerbesten liegt – trotz Prost.

Der Pillenpeter nimmt das alles sehr persönlich und erklärt, dass er mit diesem Spiel nach diesem Donnerstagnachmittag aufhört – es tut ihm leid, aber er hat keine Lust, sein Leben auf diese Weise zu verplempern, weil der Ärger so groß ist und weil dieses Spiel für ihn zu schwierig ist, obwohl er doch früher in den verschiedensten Sportarten zu hohen Ehren gekommen ist, wie jedermann weiß, und er sieht überhaupt nicht ein, ein Spiel zu spielen, bei dem irgendwelche Vollidioten immer die Pokale gewinnen und wir sollen ihm nicht böse sein.

Der dicke Schorsch setzt mittlerweile auch seinen Provisorischen in jenen Baum auf der rechten Seite und zwar ziemlich genau an die gleiche Stelle wie den ersten Ball, so dass sich der Verdacht aufdrängt, dass die beiden Bälle nicht weit voneinander liegen, was aber in diesem Falle nicht unbedingt ein Vorteil ist, weil der dicke Schorsch dann schon zwei Bälle verloren hat, bevor wir noch richtig anfangen. Deshalb ist die Stimmung vom dicken Schorsch auch nicht besonders fröhlich und er stimmt dem Pillenpeter zu und sie wollen beide in Zukunft am Donnerstagnachmittag immer eine kleine Fahrradtour unternehmen, was der Gesundheit sowieso viel zuträglicher ist als dieses dämliche Spiel, das vielleicht zum Zeitvertreib für schottische Schafhirten gut ist, aber keineswegs für die Körperertüchtigung eines mitteleuropäischen Intellektuellen; und seine Schläger würde er gleich nach dieser Abschiedsrunde der Jugendabteilung stiften, obgleich er sich das noch überlegt, weil man die Jugend ja nicht ins Verderben stürzen soll, sondern zu ordentlicher Arbeit anhalten oder eventuell zu Fußball.

Währenddessen habe ich das erste Loch gewonnen, wenn auch nur mit immerhin elf Schlägen, was bekanntlich nicht so besonders toll ist, aber am zweiten haue ich den Ball mit dem dritten Schlag vielleicht zwei Meter neben den Stock, so dass der dicke Schorsch und der Pillenpeter sich laut über den krankhaften Ehrgeiz mancher Menschen unterhalten und wie froh sie sind, dass sie demnächst mit solchen Leuten nichts mehr zu tun haben, aber das Gerede über meine Wenigkeit hört sofort auf, als ich fünf Putts brauche, was ziemlich selten vorkommt, aber immerhin denke ich jetzt auch laut über die Möglichkeit nach, dieses Scheißspiel aufzugeben – und so geht das jetzt vier Stunden lang über achtzehn Löcher, so dass wir zuletzt richtig froh sind als alles vorbei ist. Aus-ende-trullala sagt der dicke Schorsch und der Pillenpeter sagt, dass der dicke Schorsch ja schon zu Beginn an diesem Donnerstagnachmittag gesagt hat, dass es Tage gibt, die uns nicht gefallen, was der weise Salomo schon gewusst hat, obgleich der wahrscheinlich kein Golf spielte.

Im Clubhaus sprechen wir die Angelegenheit noch einmal ausführlich durch und blicken froh auf die Zukunft, in der wir mit diesem Spiel nichts mehr zu tun haben. Auf dem Parkplatz ruft der dicke Schorsch zum Pillenpeter und meiner Wenigkeit, also dann bis zum nächsten Donnerstagnachmittag, womit er ja auch irgendwie recht hat.

**ULI KAISER**

# Immer wenn es regnet

An diesem Donnerstagnachmittag gehen der Pillenpeter, der dicke Schorsch und meine Wenigkeit nicht sofort los, weil es regnet und es könnte ja sein, dass es gleich wieder aufhört, obgleich der dicke Schorsch den blöden Spruch vor sich her betet, dass es kein schlechtes Wetter gibt bei diesem Spiel, sondern nur eine schlechte Ausrüstung – solche Sprüche hat der dicke Schorsch immer drauf, zum Kotzen. Aber dieses ist kein besonders guter Tag, denn der Regen hört nicht auf, so dass wir jeder eine Regenkleidung aus dem Bag popeln, die dort seit dem vergangenen Oktober vor sich hinknüllt und deswegen nicht mehr besonders klasse aussieht, aber Hauptsache wasserdicht, sagt der Pillenpeter, der dann auch gleich vorbeugend einige Pillen gegen die drohende Erkältung verteilt, die er aus seiner Apotheke mitbringt, weil das Verfallsdatum der Pillen seit einem halben Jahr überschritten ist, was aber nichts macht, sagt er.

Der dicke Schorsch hat einen Regenanzug in einem sehr leuchtenden Gelb, wie man es im Kino von der Handelsmarine kennt, wenn sie beim größten Sturm an Deck aus unerfindlichen Gründen herumrennen, und wenn der Brecher weg ist, fehlt ein tapferer Seemann, weil er in seinem feuchten Grab herumschwimmt und alle blicken ernst und sind sehr traurig. Der dicke Schorsch kauft diesen gelben Anzug in den Ferien bei der Auktion eines bankrott gegangenen Schiffsausstatters in der grauen Stadt Husum, wobei er in diese Auktion nur 'reingeht, weil es dort draußen ebenfalls regnet, und der dicke Schorsch hat dabei nicht an die Passform gedacht, so dass dieser Anzug, der auch als Friesennerz bezeichnet wird, ein wenig eng sitzt. Man kann auch sagen, dass der dicke Schorsch nun aussieht wie eine sogenannte Gelbwurst von jener Art, wie man sie in Süddeutschland herstellt; und wenn die Mutter beim Metzger ein quengelndes Kleinkind dabei hat, kriegt dieses zur Strafe eine Scheibe davon ins Maul gestopft, damit das Kind ruhiggestellt ist, was auch fast immer klappt, denn so kleine Kinder haben kein besonders stark entwickeltes Feingefühl in den Geschmacksnerven. Auf jeden Fall fragt der Pillenpeter den gelben und dicken Schorsch mit einer starken Bewunderung in der Stimme, ob dieser gelbe Anzug denn sein Ernst sei, mit dem er ihm – dem Pillenpeter – und meiner Wenigkeit jetzt den ganzen schönen, wenn auch regnerischen Donnerstagnachmittag auf die Nerven gehen will, was der dicke Schorsch kurzatmig bejaht, denn tiefer kann er nicht atmen, weil sonst die Haut der gelben Wurst platzt.

W as den Pillenpeter angeht, so fummelt er seinen Regenanzug heraus und dieser ist von jenem strahlenden Rot, wie es ein Drittel der Fahne von unserem schönen Vaterland auszeichnet und hinten steht in handgroßen Buchstaben „red adair" und der Pillenpeter erklärt, dass es sich dabei um eine Art Feuerwehrkommando handelt, welches auf amerikanischen Ölfeldern eingesetzt wird, wenn's dort brennt, was außerordentlich gefährlich ist – und zwar mit John Wayne in der Hauptrolle. Der dicke Schorsch fragt denn auch gleich, wieso denn ein Feuerwehranzug nicht nur wasserdicht, sondern auch rot ist, und vor allem ist bei uns im Club noch keiner jemals bei Regen in einem solchen Kleidungsstück auf die Runde gegangen, wobei ich mir den Hinweis erlaube, dass die Jäger in den kanadischen Wäldern so etwas tragen müssen, damit sie sich von einem Hirsch oder einem Bär unterscheiden und nicht von irgendwelchen Jagdkollegen abgeknallt werden. Aber der Pillenpeter sagt, dass es auf unserem Golfplatz keine Hirsche und keine Bären gibt und auch keine Jäger, sondern lediglich Rehe, Fasanen und Karnickel, und es kommt ja wohl keiner von den Spielern auf die Idee, ihn – den Pillenpeter – mit einem Karnickel zu verwechseln, was wir befriedigt zur Kenntnis nehmen, vor allem auch wegen der Tatsache, dass außer uns bei dem Wetter sowieso keiner auf dem Platz ist, was für die Vernunft anderer Menschen spricht.

V on meinem Regenanzug ist zu berichten, dass es sich um einen sogenannten Tarnanzug handelt, der so ungefähr aussieht wie der Anzug, den Fidel Castro immer auf ▶

> **Der Pillenpeter, der dicke Schorsch und meine Wenigkeit werden ja von niemand gezwungen, durch den Regen zu rennen**

## IMMER WENN ES REGNET

den Bildern trägt, wenn er die zehn Stunden langen Reden hält – warum er sich dabei tarnen muss, weiß ich auch nicht, aber es wird schon einen Sinn haben, und wenn es nur der Sozialismus ist, der bei einem warmen Klima wie auf Kuba leichter zu ertragen ist als bei unserem Regenwetter in Mitteleuropa. Ich gewinne diesen wunderbaren Regenanzug damals beim „nearest-to-the-pin" und er ist seither originalverpackt, so dass meine Überraschung genauso groß ist wie beim Pillenpeter und beim dicken Schorsch, die sich vor lauter Begeisterung kaum einkriegen können und sofort verkünden, dass sie noch nie mit einem Guerillakämpfer gespielt haben und wo ich denn meine Kalaschnikoff habe, worauf ich allerdings entgegenhalten kann, dass dieser Anzug sich ganz besonders durch sein atmungsaktives Verhalten auszeichnet, was bedeutet, dass jegliche Feuchtigkeit von innen nach außen entströmen kann, aber keine Feuchtigkeit von außen nach innen zu dringen vermag, was übrigens für jeden Dschungelkämpfer einen riesigen Vorteil bedeutet. Auf dieses starke Argument wissen der dicke Schorsch und der Pillenpeter nichts zu erwidern, so dass wir endlich abschlagen können.

Irgendwie muss es passiert sein, dass ich meinen Anzug verkehrt rum anhabe, denn es ist so, dass meine schwitzige Transpiration drinbleibt, während der Regen dazu von draußen reinkommt, was ein nicht unbedingt ganz tolles Gefühl ist. Genauer gesagt ist es so, dass der Rand einer Mütze, die ebenfalls eine Tarnmütze ist, genau über dem Kragen endet und zwar so, dass der Kragen jeden herabrinnenden Tropfen auffängt und direkt in ein Bächlein leitet, welches sich zwischen den Schulterblättern aus den verschiedenen Zuströmungen von Kopf und Hals bildet und munter plätschernd bis zur Hüfte läuft, wo es zunächst vom Gürtel der Tarnhose aufgestaut wird.

Dieser Stau führt dazu, dass der unentwegt steigende Wasserpegel rund um den gesamten Leib für eine gewaltige Überschwemmung sorgt, welche übrigens durch die etwas abrupten Bewegungen mit dem Fairwayholz begünstigt wird, während sich beispielsweise beim Putt kaum weitere erwähnenswerte Unannehmlichkeiten ergeben, weil es ja nach einer Weile sowieso keine Rolle mehr spielt und der Mensch gewöhnt sich sogar daran.

Irgendwann allerdings ist es dann so, dass der durch den Gürtel hervorgerufene Stau die Wassermassen nicht mehr zu stoppen vermag – irgendwann brechen da die Dämme wie damals an der Elbe und die Wassermassen stürzen über die beiden Leisten und durch das Tal der Rückenverlängerung wie in einem Dreistromland direkt in die Intimbereiche des männlichen Körpers, überspülen hier alles, was zum Überspülen da ist und plätschern dann wie ein reißender Sturzbach weiter, aufgeteilt in rechten und linken Oberschenkel, bis kurz unter die Kniekehlen. An den Waden vermählen sich die von oben gesickerten Wassermassen mit jenen, die von unten von den Schuhen über die Socken und die Hosenbeine angesaugt werden zu einem sicherlich interessanten Strudel, der allerdings wegen der erwähnten Tarnhose nur spürbar und nicht sichtbar ist.

Was den dicken Schorsch in seiner gelben Wursthaut aus dem Friesischen angeht und auch den Pillenpeter in seinem roten Feuerwehranzug von dem texanischen Ölfeld, so geht es denen auch nicht so besonders trocken, was sich in einem etwas feuchten Schweigen bemerkbar macht, denn es ist allgemein bekannt, dass der Mensch zur Schweigsamkeit neigt, wenn er von der Wäsche bis nach außen stark durchgefeuchtet ist. Der dicke Schorsch hält es nach vier Löchern für den größten Blödsinn und bei diesem Wetter spielt man nicht – selbst dann nicht, wenn man so einen hervorragenden gelben Anzug besitzt wie er einen trägt – und der Pillenpeter sagt, dass es in seiner Apotheke völlig neue Pillen gibt, die einer vorsorglich bei diesem Wetter nimmt und die sich besonders für Briefträger, Forstangestellte und Gleisarbeiter bei der Eisenbahn eignen, weil die ja viel an der frischen Luft arbeiten.

Ich will mich dazu in meiner Wenigkeit ja nicht so offen äußern, aber irgendwie fällt mir ein, dass der Pillenpeter, der dicke Schorsch und meine Wenigkeit ja von niemand gezwungen werden, durch den Regen zu rennen – selbst wenn wir so hervorragend gegen widrige Wetterverhältnisse ausgerüstet sind.

**ULI KAISER**

# Suuuper – total echt

Wie ich schon immer sage: Am schlimmsten ist es, wenn wir dastehen und gucken, wie der Idiot dort vorne mit seiner würdelosen Angel seit ungefähr einer Viertelstunde versucht, einen Ball aus dem Bach zu fischen, als ob er allein auf der Welt ist – wahrscheinlich nicht nur seinen eigenen Ball, sondern auch noch ein halbes Dutzend andere, die an diesem Donnerstagnachmittag von der Strömung vorbeigetrieben werden, aber das Schlimme ist, dass wir dastehen und warten und der dicke Schorsch jammert, dass ihm der Rhythmus abhanden kommt bei dem langsamen Spiel, was allerdings ein bisschen übertrieben ist, denn einen richtigen Rhythmus haben wir beim dicken Schorsch noch niemals festgestellt.

Der Pillenpeter ist immer für ziemlich radikale Lösungen und sagt, wir schießen dem da vorn im Bachgestrüpp jetzt so lange ein paar Bälle um die Ohren, bis er es mit der Angst kriegt und die Flucht nach vorn antritt, aber er lässt das dann doch bleiben, weil meine Wenigkeit darauf hinweist, dass man einen Treffer beim Zielschießen nie ganz ausschließen kann, was einen schwierigen Versicherungsfall zur Folge hat, und deshalb stehen wir nun schon ewig da am Elften, wo sich dieses forellenführende Gewässer mit gelben Pfosten quer durch die kurzgemähte Wiese zieht, und gucken, wie dieser Typ in aller Seelenruhe einen größeren Vorrat an Bällen angelt – das heißt, wir sehen im Ufergebüsch immer wieder nur ein gewaltiges Gesäß auftauchen, sonst nichts, und zwar auch noch in karierten Hosen.

Wie wir da stehen mit immer dicker werdendem Hals und tief im Herzen einen Mord erfinden, den niemand beweisen kann, sagt der dicke Schorsch auf einmal, er hat es begriffen und jetzt kennt er die Philosophie und weiß alles über dieses Spiel – dabei kratzt der dicke Schorsch sich unter dem Arm, was kein schönes Geräusch verursacht, und weil der Pillenpeter und meine Wenigkeit ein wenig verständnislos gucken, sagt der dicke Schorsch erneut, er hat es jetzt begriffen, warum einer heute so und morgen ganz anders spielt – worauf der Pillenpeter sagt, der dicke Schorsch hat wohl einen kleinen Knall, denn das weiß doch jeder, dass einer heute schön geradeaus spielt und morgen krumm wie eine gesengte Sau – wobei es fraglich ist, ob gesengte Säue überhaupt einen Slice von einem Hook unterscheiden können.

Der dicke Schorsch richtet seinen Blick in die unendliche Weite, die sich hinter dem Bach ausbreitet, wo dieser würdelose Typ immer noch ungetreue Bälle mit seinem Angelgerät herausfischt. Deshalb erlaube ich mir die Frage an den dicken Schorsch, ob er denn vielleicht die Güte hat und dem Pillenpeter und meiner Wenigkeit sein Geheimnis anvertraut, worauf der dicke Schorsch eine ganz feierliche Pastorstimme kriegt und erklärt, es ist die Grenzenlosigkeit, worauf der Pillenpeter und meine Wenigkeit in ein bedeutungsvolles Schweigen ausbrechen, das der Pillenpeter mit der radikalen Frage unterbricht, wie er das meint, der dicke Schorsch, und ob er sich vielleicht etwas unwohl fühlt.

Der dicke Schorsch fragt, ob wir schon 'mal Fußball geguckt haben oder Tennis oder Pingpong oder Boxen, wobei der Unterschied zu unserem Spiel ganz besonders deutlich wird, weil einer genau sieht, wenn ein Ball im Aus ist oder neben der Pingpongplatte oder dass der Boxer nicht einfach davonlaufen kann, weil ihn die Seile wie ein Zaun daran hindern – das sagt der dicke Schorsch wie einer, der gerade einer Madonnenerscheinung am Himmel ansichtig geworden ist – in jedem anderen Sport gibt es Grenzen, die genau vorgeschrieben sind auf Meter und Zentimeter – der dicke Schorsch hält eine richtige Predigt, in der die genauen Maße von einem Fußballfeld vorkommen und auch die Platte zum Pingpong, die bei uns zu Hause seit Jahrzehnten im Keller steht und außerordentlich wichtig ist, weil man bei größeren Familienfesten wunderbare und sehr ausgiebige warme und kalte Buffets darauf anrichten kann, denn einen größeren Tisch findest du im ganzen Haus nicht.

**Der Pillenpeter erklärt, dass einer von einem Engel geküsst worden sein muss, wenn er vier Birdies hintereinander spielt**

Der dicke Schorsch redet so als ob er ein langes Gedicht aufsagt und zwar, dass dieses Spiel keine Grenzen hat und einer das Gefühl kriegt, dass er quer durch die Welt ▶

39

## SUUUPER – TOTAL ECHT

spielt, sozusagen von Horizont zu Horizont, wobei er sogar auf die Globalität zu sprechen kommt, von der heutzutage ja jeder spricht, wenn er nichts sagen will – es hört sich richtig schauerlich an, was der dicke Schorsch da verzapft, und der Pillenpeter sagt leise, dass er doch eben noch ganz normal ist, der dicke Schorsch, doch jetzt hat er offensichtlich 'ne Meise.

Was meine Wenigkeit angeht, so erlaube ich mir den Einwand, ob der dicke Schorsch denn mit seinem Ball noch nie in out-of-bounds war, und wenn ich mich recht erinnere, hat er vor gut einer Stunde am dritten Loch erst zwei Bälle ins Aus geschlagen, einen rechts und einen links, jedes Mal hinter die weißen Pfähle, die ja schließlich nicht zur Zierde dieser schönen Landschaft da aufgestellt sind, sondern um eine Grenze zu markieren, so wie beim Fußball oder beim Boxen.

Aber der dicke Schorsch ist auf einem philosophischen Trip und überhaupt nicht zu bremsen und erklärt dem Pillenpeter und meiner Wenigkeit, dass jeder Mensch etwas braucht, woran er sich festhalten kann, und im Sport sind es die Grenzen, die ihm Halt geben, wobei jeder genau weiß, wo diese Grenzen liegen, beispielsweise beim Fußball bei hundert-mal-fuffzig-Meter, aber bei diesem Spiel weiß das keiner – hier auf dem Elften ist weit und breit kein weißer Pfahl zu sehen und damit auch kein Aus – nur die gelben Pfosten da vorn am Bach, wo dieser vollidiotische Hacker nun schon bald zwanzig Minuten Bälle angelt und uns nicht durchspielen lässt, aber das ist ja nichts, woran sich einer festhalten kann, worauf der Pillenpeter sehr richtig, wenn auch etwas grob sagt, dass das einzige Grenzenlose, was er erkennen kann, dort vorne am Bachrand ein grenzenloses Arschloch ist, und er wird ihm gegen alle Versicherungsvorschriften jetzt einen leicht gebrauchten Ball auf den grenzenlosen Pelz brennen, dass er entweder grenzenlos tot in den Bach fällt oder eine grenzenlose Flucht ergreift.

Der dicke Schorsch lässt sich von unseren klugen Reden nicht stören und sagt, dass der Mensch immer einen Zwang braucht, das gilt ganz besonders für den Sportler, der ohne Zwang nie zu außerordentlichen Leistungen fähig ist – der dicke Schorsch sagt, das ist nicht nur Philosophie, sondern vor allem Poesie und sicherlich auch schon ein bisschen Religion, so dass der Pillenpeter ziemlich verwundert guckt und fragt, wo er – der dicke Schorsch – denn diesen gezwirbelt-schaumgeschlagenen Scheiß herhat und dass es davon kommt, wenn man zu viele dicke Bücher liest, die voller solcher Schnapsideen sind, das hält ja keine Sau aus.

Meiner Wenigkeit fällt dazu nichts ein, aber irgendwie hat der Pillenpeter sicherlich recht, wenn er sagt, er kennt keinen Philosophen, keinen Dichter und nicht einmal einen Papst, der jemals die Open gewinnt, womit er ebenfalls nicht ganz falsch liegt, wenn ich mich richtig erinnere – aber mit dem dicken Schorsch ist an diesem Tag nicht zu reden, denn er erklärt, wenn einer ein schönes Gedicht schreibt oder eine Sinfonie, dann hat er eben etwas Grenzenloses gespürt und manchmal heißt es auch, er ist

die Grenzenlosigkeit denken, kriegen sie ganz schnell eins auf die Nuss und zwar von keinem Engel, sondern von dem Kerl mit dem fürchterlichen rechten Haken. In meiner Wenigkeit halte ich mich bei dem sehr interessanten Gespräch zwischen dem Pillenpeter und dem dicken Schorsch zurück, denn so schnell wie die beiden reden, kann ich nicht denken – vor allem, wenn es ums Philosophische geht im Sport, obgleich wir ja nur draufgekommen sind, weil dieser ballfischende Hacker dort vorn im Bachgebüsch einem die ganze Runde verdirbt, und wir hier warten, bis er den ganzen Bach leergefischt hat in seiner grenzenlosen Gier nach Bällen, von denen zu sagen ist, dass sie bereits ihre Untreue bewiesen haben und deshalb nur unter großen Bedenken für einen weiteren Gebrauch zu nutzen sind.

**G**erade jetzt wälzt dieser Mensch mit dem würdelosen Ballfischgerät dort vorn sein grenzenlos kariertes Gesäß aus der Uferböschung und trollt sich über die nahe Brücke davon, so dass der dicke Schorsch aus seinen seltsamen Träumen erwacht und zu mir sagt, ich soll endlich schlagen, damit wir vor Einbruch der Dunkelheit das Klubhaus erreichen. Das hört sich an, als ob der dicke Schorsch wieder normal ist und aus dem grenzenlosen Himmel zu uns Menschen auf die Erde zurückgekehrt ist. Die Sache beweist aber, zu welch' geistiger Verwirrung es führen kann, wenn man hinter einem Langweiler her spielt, der zwanzig Minuten lang Bälle aus dem Bach fischt.

von einem Engel geküsst, worauf der Pillenpeter sagt, er habe das einmal mit einer Braut erlebt, aber es ist lange her und irgendwie hat es dann aber doch Grenzen gegeben, auf jeden Fall hat er dann lieber eine andere genommen, die ihm zu Hause in der Apotheke die Pillen verkauft, während er hier mit uns die grenzenlosen Grundfesten der Grenzenlosigkeit erforscht.

**W**eil der Pillenpeter nun schon mal so schön in Fahrt ist, erklärt er, dass einer auch von einem Engel geküsst ist, wenn er vier Birdies hintereinander spielt, oder eine Runde in den Achtzigern, was ja auch nicht schlecht ist, was aber die Boxer beispielsweise ganz anders sehen, denn wenn die an

**ULI KAISER**

# *Spirit ist keine Schnapsmarke*

**E**s ist vielleicht halb drei an diesem Donnerstagnachmittag und meine Wenigkeit steht wartend am ersten Abschlag und denkt gerade an gar nichts, während sich der Pillenpeter vom Clubhaus her nähert, wo er sich offensichtlich eine Verpflegung genehmigte, wie aus seinem zufriedenen Gesichtsaudruck unschwer zu erkennen ist. Der Pillenpeter ist an sich ein ganz vernünftiger Mensch, wenn man Apotheker wegen ihres täglichen Umgangs mit Pillen und Pulver überhaupt als vernünftige Menschen bezeichnen kann – auf jeden Fall kommt der Pillenpeter an diesem Donnerstagnachmittag und sagt nicht „hallo" wie jeder vernünftige Mensch, sondern „helloh", wie es die Amerikaner tun oder bestenfalls noch die Engländer, so dass man auf diese Weise sogleich erfährt, dass der Pillenpeter eine multilinguale Begabung ist, der sich ohne Schwierigkeiten in allen Landessprachen auszudrücken vermag. Deshalb sage ich „guten Tag".

Tatsache ist, dass wir jetzt noch auf den dicken Schorsch warten, der mitunter einen Hang zur Unpünktlichkeit hat, aber dafür richtiges Deutsch spricht und beispielsweise am hellen deutschen Morgen nicht „good morning" sagt, sondern eher vielleicht gar nichts, was sowieso immer gut ist, denn dieses ist kein Spiel zum Reden, sondern zum Spielen. Letzteres ist dem Pillenpeter aber ziemlich egal, vor allem an diesem Donnerstagnachmittag, an dem er auf einmal vom sogenannten „spirit of the game" redet, den einer genießen soll, und der dicke Schorsch, der nun auch endlich eingetroffen ist, fragt denn auch gleich, ob das eine neue Schnapsmarke ist oder was.

Jeder, der den dicken Schorsch und den Pillenpeter kennt, weiß natürlich, dass jetzt eine gewaltige Diskussion losbricht und dass dieser Donnerstagnachmittag eine außerordentliche Bereicherung der Sprachkultur mit sich bringt, was schon allein daran zu erkennen ist, dass der Pillenpeter den dicken Schorsch als einen „lousy fool" bezeichnet und zwar „without any kind of culture", was sich bei ihm so anhört wie „ennikaindoffkaltscher", worauf der dicke Schorsch ein garantiert deutsches Gelächter anstimmt und die Frage stellt, ob der Pillenpeter noch alle „cups in the cupboard has". Der Pillenpeter wendet sich hilfesuchend an meine Wenigkeit und sagt, ich muss eine „opinion" zu diesem Fall haben, aber ich habe solche Sachen nicht und erkläre, „that comes overhead not in question" und die andern beiden sollen endlich abschlagen, worauf der Pillenpeter wieder vom „drive" spricht und vom „driver", worauf der dicke Schorsch sagt, er habe ein langes Holz, und einen „driver" benutzt er nur in New York am Flughafen, und zwar einen „taxidriver".

Wahrscheinlich stehen wir heute noch am ersten Abschlag, wenn nicht hinter uns die vier sächlichen Damen murren, dass wir sie vorspielen lassen sollen, bis unsere Diskussion vorbei ist, was wir dann lieber doch nicht tun, wobei der Pillenpeter sehr richtig erklärt, dass nicht in allen Lagen unseres Lebens die „ladies first" sind, was auch auf das schöne Spiel an sich zutrifft. Was die eine der Damen – eine stadtbekannte Erscheinung mit der Figur eines ordentlichen Fünfer-Eisens – zu dem befehlsartig vorgebachten Hinweis veranlasst, es sei Zeit für das „start living" and „start playing", woran man ja sogleich erkennen kann, dass sie den Winter wahrscheinlich in Kalifornien oder wenigstens in einer nahezu germanischen Kolonie wie Florida verbrachte, was der Pillenpeter natürlich mit Genugtuung zur Kenntnis nimmt – der dicke Schorsch allerdings argumentiert ebenfalls nicht ganz falsch, wenn er sagt, dass er noch nie in englischähnlichen Ländern gehört habe, dass beispielsweise ein Schotte kommt und freundlich auf Deutsch zu mehr Eile ermahnt – der Schotte sagt meistens „move on body" oder er schmeißt einen raus aus der Runde wegen langsamem Spiel und zwar das alles auf Englisch oder was ein Schotte für Englisch hält.

Der Pillenpeter indessen sagt „learning by doing" und „nice shot" und „rough" und „score" statt Ergebnis und „green" statt Grün, wobei er allerdings nicht erklärt, ob er das für schick hält oder nur für völkerverbindend über alle Grenzen und Gewässer – ▶

> **Der Pillenpeter lässt sich aber von seinem bescheuerten Englisch-Tick nicht abbringen**

## SPIRIT IST KEINE SCHNAPSMARKE

aber als wir auf dem ersten Grün sind und der dicke Schorsch tatsächlich mit dem fünften Schlag nur noch dreißig Zentimeter vor dem Loch liegt mit seinem Ball sagt, der Pillenpeter plötzlich „donnez" anstatt „given" wie es sich eigentlich gehört, wenn man auf Englisch einen Schlag schenkt, was meine Wenigkeit nun doch zu der Bemerkung veranlasst, dass „donez" eigentlich eher französisch klingt, aber der Pillenpeter sagt, dass ich und meine Wenigkeit noch nie etwas von „donation" gehört haben – wobei mir einfällt, dass wir einmal einen Clubsekretär hatten, der es für vornehm hielt, wenn er Englisch sprach, woraus zu schließen wäre, dass es eine besondere Vornehmheit für Clubsekretäre gibt, was immerhin ein interessanter Gedankengang ist, weil das Personal sonst eher zur einheimischen Sprache neigt, wogegen ja auch nichts zu sagen ist wegen der Verständlichkeit.

Natürlich kann man auf die Dauer dem Pillenpeter nicht wirklich gram sein wegen seinem englischsprachigen Tick, wenn er nur nicht auch noch seine Umwelt damit anstecken will und einfach so sagt, dass es mit der Tradition zusammenhängt, weil wir den Schotten oder den Engländern das Spiel verdanken und zum Dank dafür auch immer von „clubs" reden – nicht nur, wenn wir den Verein meinen, sondern auch die Schläger, was ja nun völlig bescheuert ist – und deshalb erlaube ich meiner Wenigkeit den Hinweis darauf, dass bei uns am Samstagnachmittag ab halb vier auch kein Mensch mehr von „offside" spricht oder von „penalty" oder „corner", sondern richtig wie es sich gehört beim Fußball, von dem wir ja alle wissen, dass er ebenfalls auf der gleichen Insel erfunden wurde. In diesem Falle müssen ich und meine Wenigkeit zugeben, dass der Pillenpeter zwei Löcher lang den Mund hält mit seinem englischen Sprachfimmel und erst wieder damit anfängt, als mir und meiner Wenigkeit am vierten Abschlag einer gelingt, wie ich und meine Wenigkeit es selten erleben, so dass ich spontan sage „okay", was den Pillen-Peter sofort wieder in Gang setzt, denn bitteschön, was heißt hier „okay" und ob das nicht vielleicht auch englisch ist.

Wie es der Zufall will, habe ich aber gerade in einem unglaublich klugen Buch gelesen, dass „okay" eher ein unsicherer Amerikanismus ist, dem man ungefähr dreißig verschiedene Herkünfte nachsagt – am wahrscheinlichsten ist noch das Wort „o ke" in der Mandingosprache, welches durch westafrikanische Negersklaven nach Amerika gekommen ist, oder die Abkürzung für „Otto Kaiser" aus der entfernteren Verwandtschaft – auf jeden Fall hat es nichts mit diesem Spiel zu tun, denn es ist kein einziger Mandaringosklave bekannt, der jemals Golf gespielt hätte, wogegen der Pillenpeter nichts sagen kann, weil er das kluge Buch ja nicht kennt, welches ich zufällig habe, und der dicke Schorsch, der nun schon drei Löcher gewonnen hat, hält sich hörbar auf Deutsch zurück bei der Diskussion, womit er nicht unrecht hat, weil wir immerhin um einen Zwickel das Loch spielen, und zwar nach der neuen Währung. Der Pillen-Peter sagt, dass der Zwickel gegen die „rules" verstößt, was den Amateur angeht, aber das sagt er immer, wenn er verliert. Allerdings erwähnt er dieses Mal nichts

von dem sogenannten „spirit", der ziemlich schwer zu erklären ist, weil es ja auch sein kann, daß einer vor lauter Geist des Spiels die Regeln vergisst – dann können sie ihr Spiel nennen wie sie wollen, aber es ist nicht Golf.

Der Pillenpeter lässt sich aber heute von seinem bescheuerten Englisch-Tick nicht abbringen und redet weiter von „bad luck" und „good shot" und „start living" und „rent a car" und „play golf" und „time" und „ladies cup" und „course" und „rating" und „hole-in-one" und „decisions" und „dead-at-the-pin" und wenn der dicke Schorsch und meine Wenigkeit nicht zuhören, kann er es halten wie er will – aber der dicke Schorsch sagt nach einer Weile, der Pillenpeter soll doch endlich erst einmal richtig Deutsch lernen, bevor er sein sicherlich brüchiges Englisch loswird, was natürlich zu einer peinlichen Stille führt. Als ich und meine Wenigkeit am Siebten den Abschlag mit gewaltigem Slice rechts in den Teich trümmern, hätten ich und meine Wenigkeit fast „bullshit" gesagt – aber dann haben wir – ich und meine Wenigkeit – doch lieber das deutsche Wort benutzt, wobei wir beide zugeben müssen, dass dieses in solchen Notfällen seelisch weitaus befreiender ist.

**ULI KAISER**

# *Die Sache mit den neuen Schlägern*

Es ist so gegen halb drei an diesem Donnerstagnachmittag und der dicke Schorsch sagt, wir schlagen schon mal ab bis der Pillenpeter kommt, der wie immer zu spät dran ist und uns erzählt, dass sie ihn in seiner Apotheke aufhalten, um Pillen gegen Kopfschmerzen und Pulver für die Potenz zu kaufen, was uns nicht so besonders interessiert. Meine Wenigkeit gibt zu bedenken, dass es besser ist, die zwei Damen hinter uns vorauszuschicken, weil die uns beim Spiel eventuell auf den Keks gehen können, was der dicke Schorsch einsieht, und so kann ich ihm meine neuen Schläger vorführen, die ich außerordentlich günstig kaufe und deshalb warne ich schon mal den dicken Schorsch und auch den mittlerweile eingetroffenen Pillenpeter, der erzählt, wie er in seinem Pillen-Laden aufgehalten wird wegen Kopfschmerztabletten und Potenzpulver.

Der Pillenpeter erklärt mir denn auch gleich, dass diese Schläger eher für einen athletischen Typen konstruiert sind, was ich nun überhaupt nicht bin, sagt der Pillenpeter, worauf der dicke Schorsch sofort widerspricht und mit hochgeschraubt wissenschaftlicher Stimme sagt, dass meine neuen, alten Schläger ganz im Gegenteil für sehr alte Senioren gedacht sind oder eventuell sogar Frauen in den gewissen Jahren, du weißt schon, während Kinder damit überhaupt nicht zurechtkommen. In dem Moment kommt der Pro vorbei und erklärt den Inhalt von meiner Tasche samt und sonders zu einem schrecklichen Müll, der der reinste Betrug ist, denn den einzigen für mich passenden Schlägersatz hat er in seinem Proshop und er wird mir einen guten Preis machen, wenn ich nachher vorbeikomme, aber zu diesem Schrott, den ich jetzt mit mir herumschleppe, wird er einem wirklichen Freund, wie ich es bin, niemals raten.

Inzwischen versammelt sich um meine Tasche eine etwa dutzendköpfige Menschenmenge – alles selbstbewusste, hilfreiche Frauen und Männer unseres Volkes –, und jeder von ihnen hat das wunderbare und christliche Ziel, mir einen Ratschlag zu erteilen für ein glückliches Leben, wobei ich in meiner Wenigkeit darauf hinweisen will, dass ich so schrecklich unglücklich auch wieder nicht lebe mit den Schlägern, aber niemand interessiert sich für meine Meinung.

Frau Gröbenheimer, von der jeder in unserem Club weiß, dass sie beim Sommerfest vor vier Jahren mit dem damals hier tätigen Pro gegen Mitternacht beim Unterricht für das kurze Spiel auf dem überdachten Abschlag der Übungswiese in sehr delikater Situation erwischt wurde, was auf Betreiben von Herrn Gröbenheimer zur Entlassung des erwähnten Pro führte – also Frau Gröbenheimer, die von diesem Spiel sowieso keine Ahnung hat, hat meine Wenigkeit als Opfer ihrer mühsam unterdrückten Leidenschaft auserkoren und meint, wir verabreden uns zu einer zweisamen Runde an einem dieser hübsch-warmen Sommerabende, wo sie mir einen praktisch ungebrauchten Satz handgeschmiedeter Eisen zur Probe überlassen will – Frau Gröbenheimer steckt meiner Wenigkeit dazu einen Zettel mit Telefonnummer zwecks Verabredung und detailliertem Gespräch in die Hemdentasche, den ich selbstverständlich sofort vergesse und außerdem komme ich mit den Handgeschmiedeten sowieso nicht zurecht.

Eine Type, die ich garantiert nie zuvor sehe, haut mir die Hand auf die Schulter und weist auf seine Verbindungen hin, über die ich Schläger beziehe, die extra für mich mit lila Schäften angefertigt sind gegen einen kleinen Aufpreis, aber das sind dann Dinger für das ganze Leben und er garantiert mindestens zehn Schläge Verbesserung und sein Name ist Bobby, was übrigens leicht zu behalten ist, denn auf dem Rücken hat er in handgroßen Lettern einsticken lassen „Bobby", und er will die Telefonnummer von meiner Wenigkeit, wobei ich ihm reaktionsschnell eine falsche Nummer gebe, so dass ich hoffe, ihn nie wieder im Leben zu sehen, was vielleicht ein Verlust ist, vielleicht aber auch nicht, aber ich mag keine lila Schäfte.

**Der Pillenpeter kriegt sie von einem Freund, der sie im diplomatischen Gepäck aus dem ganz fernen Osten mitbringt**

Inzwischen kommt unser Platzaufseher vorbei, der sich gerne Marschall nennen lässt und seine Autorität aus einem Elektroauto bezieht, an dem vorne seit Jahren „Turnierleitung" drangeschrieben steht – er blickt einen schräg-strengen Blick wegen der Menschenansammlung am ersten Tee und keine Sau schlägt ab, weil es ihnen allen ein Bedürfnis ist, mir zu neuen Schlägern zu verhelfen, die mein Spiel von Grund auf positiv verändern. Von dem Marschall weiß jeder, dass in seiner Garage mindestens dreißig Schlägersätze herumgammeln, die er im ▶

## DIE SACHE MIT DEN NEUEN SCHLÄGERN

Lauf der Jahre mehr oder weniger zur Entsorgung geschenkt bekommt und zur Dritt- oder Viert-Verwertung an harmlos-unwissende Anfänger verscherbelt und sich damit eine stattliche Aufbesserung seiner bescheidenen Rente leistet. Er flüstert mir zu, er wartet auf mich nachher, weil er ein Schnäppchen in seiner Garage hat – Hölzer aus richtigem alten Holz geschnitzt und nicht aus diesem schrecklichen Metall, was einen Ton erzeugt, wie ihn ein Anhänger des königlichen Spiels niemals lieben lernt – jeder Schlag mit den Hölzern aus Holz, sagt der Marschall, ist ein besonderes Erlebnis, welches auch seine Bezüge zu den Traditionen dieses Spiels hat, und ich wisse schon, was er meint, denn wenn hier überhaupt einer die Traditionen hoch hält, dann bin ich es, was man unter anderem auch daran erkennen kann, dass ich keine Laschen an den Schuhen trage, niemals mit farbigen Bällen spiele und auf dem Grün den Ball noch niemals mit dem Knopf vom Handschuh markiert habe, sondern immer mit einem Markstück, beziehungsweise mit dieser neuen Währung, die ja zu irgendetwas gut sein muss. Das flüstert mir der Marschall ganz dicht ins Ohr, so dass ich sofort riechen kann, er war gestern beim Griechen zum essen.

Der Pillenpeter, der mit dem dicken Schorsch und mit meiner Wenigkeit eigentlich zu unserer Donnerstagnachmittagsrunde verabredet ist, hält sich auffällig zurück bei dieser ziemlich aufgeregten Beratung auf dem ersten Abschlag, was auch auf den dicken Schorsch zutrifft – die beiden erklären aber übereinstimmend, dass wir nun endlich abschlagen, was wir auch mit gewohnter Routine hinter uns bringen und zwar mit dem gleichen Resultat wie schon seit vielen Jahren – nämlich meine Wenigkeit mit wunderbarem Slice nach rechts, der dicke Schorsch mit unglaublichem Hook nach links und der Pillenpeter mit einem hoppelnden wurmtötenden Ball, der nach ungefähr achtzig Metern fast eine vielköpfige Entenfamilie vernichtet, aber immerhin als Einziger auf dem Fairway bleibt und damit das Loch gewinnt. Aus der Ferne höre ich immer noch die Diskussion über die Vorteile verschiedener Schlägermodelle, wobei vor allem die etwas grelle Stimme der Frau Gröbenheimer zu vernehmen ist.

Inzwischen sind wir am zweiten Abschlag, bei dem es sich bei uns um ein langes Dreierloch handelt, was der Pillenpeter sogleich zum Anlass nimmt, mich darauf hinzuweisen, dass diese Leute am ersten Abschlag ja nur darauf aus sind, mir mein sauer verdientes Geld abzunehmen, während er ein wirklicher Freund ist und mir zu einem außerordentlich günstigen Preis einen Sack voller Schläger verschaffen kann, mit dem ich ein völlig neues Leben beginne – der Pillenpeter legt meiner Wenigkeit die Hand auf die Schulter und blickt mir unglaublich ehrlich ins Auge und fragt, ob ich es mir vorstellen kann, dass er es fertigbringt, mir einen Schrott anzudrehen, denn er ist ein wirklicher Freund und da kann ich jeden fragen und für einen Tausender oder so überlässt er mir das Dutzend Schläger – er wollte sie eigentlich für sich selbst behalten, aber weil ich ein Freund bin, ehrlich, will er sie mir geben, was heißt hier geben, es ist ja praktisch geschenkt und er – der Pillenpeter –

kriegt sie von einem Freund, der sie im offiziellen diplomatischen Begleitgepäck aus dem ganz fernen Osten unter Umgehung aller Zollbeamten mitbringt – ein Umstand, der mich in meiner Wenigkeit als Endverbraucher ein wenig schuldbewusst macht, weil ich am finanziellen Engpass des entsprechenden Staates keine Schuld auf mich laden möchte und eher zum Verzicht neige, was der Pillenpeter mit einiger Verständnislosigkeit zur Kenntnis nimmt. Denn das macht doch jeder.

Der dicke Schorsch wird so einigermaßen Zeuge von dem Gespräch des Pillenpeter mit meiner Wenigkeit und er flüstert mir zu, ich soll die krummen Knüppel vom Pillenpeter in keinem Fall nehmen – er sagt das, wie der Pillenpeter gerade im knietiefen Gras auf der rechten Seite seinen Ball sucht – da sagt der dicke Schorsch, er ist der Einzige, der mir zu völlig neuen Erlebnissen verhilft, aber – so sagt der dicke Schorsch – ich muss neben den richtigen Schlägern auch die richtigen Bälle haben und da hat er eine Quelle, natürlich darf ich's nicht weitersagen, weil die Bälle ja inzwischen fast so teuer sind wie Gold – der Ball muss zum Schläger passen, sagt der dicke Schorsch, das ist das ganze Geheimnis.

Aber da sind wir schon am zwölften Loch und meine Wenigkeit hat beschlossen, den verbleibenden Rest des Lebens mit den alten, neuen Keulen zu verbringen, denn was der liebe Gott zusammengefügt hat, soll der Mensch nicht scheiden, heißt es, was ich denn auch dem dicken Schorsch und dem Pillenpeter klarzumachen versuche, aber die begreifen das nicht, iss ja auch eh egal.

**ULI KAISER**

# *Der* musikalische *Schwung*

Rein persönlich kann der dicke Schorsch eine ziemliche Landplage sein, was sich vor allem an diesem Donnerstagnachmittag herausstellt, wie er am ersten Abschlag auf einmal verkündet, dass man als guter Spieler immer eine Melodie im Ohr haben muss, was den Pillenpeter und meine Wenigkeit ganz besonders überrascht, weil wir nämlich seit ungefähr tausend Jahren jede Woche unsere Runde spielen und seither wissen, dass der dicke Schorsch ungefähr so musikalisch ist wie eine Kreissäge. Jetzt kommt also der dicke Schorsch und will dem Pillenpeter und meiner Wenigkeit erzählen, wie wichtig eine schöne Melodie ist und damit wir auch wissen, um was es sich bei der Melodie dreht, fängt er an mit Alle-Vöglein-sind-schon-da, was für die Jahreszeit ein bisschen spät ist und beim dicken Schorsch außerdem so klingt wie der Radetzkymarsch, was den dicken Schorsch aber nicht besonders stört, obgleich sein Gesang dazu führt, dass in Mitteleuropa sofort jede Milch sauer wird, was man nur selten erlebt, und im Umkreis von hundert Kilometern alle Vöglein tot von den Bäumen fallen. Oder zumindest fast.

Andererseits ist das schöne Lied Alle-Vöglein-sind-schon-da offensichtlich nicht mit dem richtigen Rhythmus ausgestattet, was der dicke Schorsch mit Rüttmuhs bezeichnet und deshalb den Ball mit einem unglaublichen Hook (Huuhk) links in die Büsche haut, wo übrigens nicht nur alle Vöglein, sondern auch die Karnickel immer brüten beziehungsweise gebären oder Geburten verursachen und deshalb darf man da auch nicht reingehen und den Ball suchen, weil es ein Biotop ist, wo nur der Greenkeeper reindarf, was dazu führt, dass der zu jeder Zeit über einen schönen Vorrat an nagelneuen Bällen verfügt, denn am ersten Loch sind alle Bälle neu, die er – der Greenkeeper – mit geringem Preisnachlass gegen bar gerne abgibt.

Der dicke Schorsch also, der eine Banknote und eine Musiknote nicht auseinanderhalten kann und wegen störendem Brummen schon in der Schule vom Musikunterricht freigestellt war, sagt nun also, er muss sich ein neues Lied ausdenken, welches mehr zu seinem Schwung passt und eine richtige Ruhe ausstrahlt, so dass der Pillenpeter ihm den Rat gibt, doch ein schönes Lied vom Tod zu singen, weil es sich da meistens nicht um besonders lebhafte Lieder handelt, was denn auch dazu führt, dass der Pillenpeter sofort mit einem überraschend schönen Tenor das herrliche Lied von Morgenrot-Morgenrot-leuchtest-mir-zum-frühen-Tod anstimmt, was aber auch nicht so richtig passt, denn er toppt den Ball auf das Grauenvollste, so dass dieser auf dem kürzesten Weg ebenfalls in jenes Biotop, links, zischt, was dazu führt, dass mit plötzlichem Aufjaulen dort ein Köter herauskommt, der sich nicht an die Platzregeln hält und offenbar dort reingekackt hat oder Karnickel bei der Verursachung neuer Karnickel stört und mit dem Ball vom Pillenpeter die gerechte Strafe bekommt.

## Auf dem Weg in Richtung Clubhaus singt der dicke Schorsch „Völker-hört-die-Signale-auf-zum-letzten-Gefecht"

Der dicke Schorsch erklärt, dass man mit einer neuen Melodie natürlich ein bisschen üben muss und vielleicht ist ein Walzer ein besseres Stück, weil es zu seinem Schwung passt, was den Pillenpeter zu der Frage veranlasst, ob es nun so ist, dass der Schwung der Musik angepasst wird, oder die Musik dem Schwung, was zweifelsohne dazu führt, dass der dicke Schorsch mit seinem Schwung-Takt eine musikalische Ähnlichkeit mit einem gewissen Herrn Stockhausen erhält, von dem wir alle wissen, dass er es mit der Zwölftonmusik und dem Gesang-der-Jünglinge-im-Feuerofen hat, und beides ist für dieses Spiel nicht besonders geeignet. Außerdem sagt der dicke Schorsch zu meiner Wenigkeit, ich soll auf meinen Hund besser aufpassen, dass er nicht im Biotop rumläuft und Häufchen hinterlässt, was meine Wenigkeit zu dem Hinweis veranlasst, dass es sich nicht um meinen Hund handelt, weil ich nämlich gar keinen Hund habe, sondern nur mehrere Katzen, aber der Hund versteht das falsch und leckt meine Hand und wedelt mit dem Schweif in einem Tempo, das auch zu keinem ordentlichen Schwung passt, sondern sowohl beim dicken Schorsch wie auch beim Pillenpeter das allergrößte Mißtrauen erweckt, dass ich eventuell doch einen geheimen Hund habe, welcher bei uns auf dem Platz sowieso nicht zugelassen ist.

Der blöde Köter ist einigermaßen nervtötend, so dass ich meinen Ball gegen alle Gewohnheit ziemlich dünn treffe und dafür ein schönes Stück Rasen nebst Muttererde aus dem Boden entferne. Der dicke Schorsch und der Pillenpeter zelebrieren ein betretenes Schweigen, was ja für eine gewisse Sensibilität spricht, wobei zu bemerken ist, ▶

## DER MUSIKALISCHE SCHWUNG

dass jeder Mensch gerne sensibel sein möchte, aber meistens nur empfindlich ist, was aber mit dieser Geschichte nicht unbedingt viel zu tun hat.

Was also das betretene Schweigen anbelangt, so führt es dazu, dass mein Ball ungefähr vierzig Meter weit hoppelt, was den blöden Hund dazu veranlasst, mit freudigem Jaulen dem Ball hinterherzulaufen – ja, diese dämliche Töle sammelt ihn mit der Schnauze auf und apportiert postwendend, schweifwedeln und will womöglich auch noch gelobt werden für die Dämlichkeit. Es stellt sich wieder einmal heraus, dass die vielseitig verwendbaren Ausdrücke wie blöder Hund, dummer Hund oder krummer Hund irgendwie typisch sind, weil rein sprichwörtlich kommt keiner auf die Idee, einen Mitbürger als blöde Katze, dumme Katze oder krumme Katze zu bezeichnen.

Der Pillenpeter sagt, dass der plötzlich aufgetauchte Hund einen Grund haben muss, wenn er ausgerechnet mir einen Ball apportiert, was kein Zeichen für eine besondere Intelligenz ist, sondern eher für Unterwürfigkeit, worauf der dicke Schorsch wieder zu seinem musikalischen Schwung zurückkehrt und mit Wem-Gott-will-rechte-Gunst-erweisen anfängt, was aber ebenfalls nicht zu seinem Schwung passt, wie sich unschwer aus dem etwas schwerfälligen Flug seines Balles entnehmen lässt, so dass ich in meiner Wenigkeit den Rat gebe, das schöne Kirchenlied Jesu-geh-voran-auf-der-Lebensbahn für den ruhigen Schwung zu verwenden, weil nämlich der Text auch wunderbar auf dieses Spiel anzuwenden ist, vor allem in der zweiten Zeile, wo es heißt Und-wir-wollen-nicht-verweilen-dir-getreulich-nachzueilen.

Der dicke Schorsch fängt auch sofort mit einer unheimlichen Demonstration dieses wunderbaren Liedes an, was aber wiederum den Hund aus seiner Reserve lockt, der sich mitten auf das Fairway setzt und ein schreckliches Geheule anfängt, was ungefähr so klingt wie die Wölfe in dem bekannten Film Wolfsblut – nur dass die Wölfe immer den Mond anheulen, was dieser dusselige Köter nicht weiß, weil er nicht ins Kino geht. Dafür hat dieser Hund beschlossen, die nächsten vier Stunden mit dem Pillenpeter, dem dicken Schorsch und meiner Wenigkeit zu verbringen, wobei ich auf einmal den ungeheuren Vorteil erkenne, weil das Biest mir jeden Ball auf das Eiligste wiederfindet und verbellt, wie es Hunde sonst nur bei toten Rehen, Hirschen, Hasen oder Wildsäuen tun, so dass es mir sehr schwer fällt, den anderen beiden klarzumachen, dass ich mit dem Viech nichts zu tun habe, weil es mir eben erst zugelaufen ist.

So ganz blöde ist der Hund übrigens nicht, denn auf einmal kommt der Mensch mit seinem Elektrocar vorbei, der so eine Art Platzaufsicht macht und dafür sorgt, dass keiner einen Hund auf der Runde mitnimmt. Aber dieser Köter erkennt mit untrüglichem Instinkt, dass es sich bei dem Feldmarschall im Elektrocar um einen natürlichen Feind handelt und ist vom Erdboden verschluckt, verschwunden, einfach weg, woran man sehen kann, dass so ein Hund doch eine ganz gute Nase für gute und schlechte Menschen hat, was ich dem Pillenpeter auch sofort klar-

zumachen versuche, während der dicke Schorsch inzwischen behauptet, er würde nunmehr seinen Schwung nach Johann Strauß durchführen, aber wie er uns das vormachen will, sieht es mehr nach Richard Strauß aus, wobei es da ziemlich gravierende Unterschiede gibt und weil sie bekanntlich weder verwitwet, verwandt noch verschwägert sind, hat sich das auch auf die Musik niedergeschlagen. Und kaum ist der Feldmarschall am Horizont verschwunden, kommt der kluge Hund aus dem Gebüsch, welches er aus strategischen Gründen aufsucht.

Was den Hund angeht, so habe ich auf der ganzen Runde nur einen Ball verloren und den habe ich mitten in den Teich gespielt und wenn der Hund tauchen könnte, hätte er mir den auch noch rausgeholt. Ich weiß jetzt, warum der Hund als toller Kamerad des Menschen angesehen wird, denn er hat mir jeden Ball gefunden und auch besser legend apportiert, was meine Katzen nie getan hätten, wobei die Regel ja besagt, dass der Ball so gespielt werden muss, wie er liegt und ich kann in meiner Wenigkeit nichts dafür, wenn so ein Köter in mir die gute und tierliebende Seele entdeckt, völlig zu Recht übrigens.

Wie wir am Achtzehnten in Richtung Clubhaus gehen, singt der dicke Schorsch Völker-hört-die-Signale-auf-zum-letzten-Gefecht, was seinem Schwung aber auch nicht besonders hilft. Es bringt ihm aber einige misstrauische Blicke ein von den Leuten, die dort auf der Terrasse bei einigen Quadratmetern Erdbeerkuchen hocken und nun auf einmal glauben, Zeugen einer politischen Demonstration zu werden und keiner weiß, was er davon halten soll.

**ULI KAISER**

# Die Sache mit dem Wunderball

Es ist nichts Besonderes passiert an diesem Donnerstagnachmittag, außer dass der Donnerstagnachmittag vor einer Woche ausfällt, weil dem Pillenpeter seine Schwiegermutter den Achtzigsten feiert und darauf besteht, dass der Pillenpeter als einstiger Verführer der Tochter bei dem Familienfest auf jeden Fall zugegen ist – und dann ist auch der dicke Schorsch nicht da, weil er verreist und zwar gleich nach Amerika für eine Woche, was nun wirklich ein dringender Anlass ist, denn wegen nichts reist einer nicht nach Amerika, schon gar nicht an einem Donnerstagnachmittag, wenn man weiß, dass wir da immer unsere wöchentliche Runde spielen. Was meine Wenigkeit anbetrifft, so gibt es weder eine Reise noch einen Geburtstag, aber alleine habe ich keine Lust und schlage nur zwei müde Eimer voller Bälle auf der entsprechenden Übungswiese, nur so aus Gewohnheit.

Deshalb ist das Wiedersehen nach der ausgefallenen Runde vor einer Woche an diesem Donnerstagnachmittag ganz besonders herzlich und der dicke Schorsch, der Pillenpeter und meine Wenigkeit bringen in bewegten Worten zum Ausdruck, wie stark die Sehnsucht war am Donnerstagnachmittag letzte Woche, wobei der dicke Schorsch das mit besonderer Betonung erklärt, was insofern interessant ist, weil er in Amerika ja den Zeitunterschied hat und das gewohnte Donnerstagsnachmittagsgefühl bei ihm bereits am Donnerstagvormittag eintritt, was eine gewisse Logik hat. Wie der dicke Schorsch das erzählt, fummelt er aus seinem Schlägersack zwei Bälle von einer funkelnagelneuen Bauart hervor und sagt, sie sind ein geschenktes Mitbringsel und sozusagen ein Reisepräsent zum Beweis dafür, wie sehr der dicke Schorsch selbst in ferner Übersee am Donnerstag – dort vormittags, hier nachmittags – an seine Freunde denkt, und der Ball ist ein ganz besonders neues Produkt der amerikanischen Ballforschung, ein wahrer Wunderball mit außergewöhnlichen Eigenschaften in Flug und Landung und der dicke Schorsch holt auch noch eine Zeitschrift aus dem Schlägersack und liest vor, dass dieser Ball einen Hook und einen Slice auf Grund seiner einmaligen Konstruktion nicht zulässt und genau vierundsechzigmal genauer als jeder bisher bekannte Ball fliegt.

Der Pillenpeter und meine Wenigkeit stehen da mit diesem wunderbaren Ball in der Hand und fühlen uns sehr schlecht und schuldbewusst, weil mit einem so großherzigen Geschenk vom dicken Schorsch kann einer ja auch nicht rechnen und so haben wir ein schlechtes Gewissen und ich schwöre bei meiner Seele ganz geheim, dass ich nie wieder den Ball vom dicken Schorsch in den Boden treten werde, wenn er ihn in tiefster Wildnis sucht, beispielsweise in dem Gebüsch links vom Dritten, weil so viel menschliche Güte traut einer dem dicken Schorsch niemals zu, wenn man ihn kennt, weil er am Donnerstagnachmittag normalerweise einer ist, der immer diskutiert, ob es ein Doppelbogey ist oder doch ein Triplebogey, was dem Pillenpeter und meiner Wenigkeit ganz schön auf den Keks geht.

Wie ich gerade noch über mein schlechtes Gewissen dem dicken Schorsch gegenüber nachdenke, ist der Pillenpeter in seinem Denkprozess schon etwas weiter und stellt die interessante Frage, wie denn ein Ballhersteller feststellt, dass der Ball genau vierundsechzigmal so genau fliegt wie ein normaler Ball und nicht etwa dreiundsechzigmal oder gar fünfundsechzigmal, was ja nun in der Tat eine außerordentlich interessante Frage ist – das ist gar kein Misstrauen, sondern nur der unglaubliche Wissensdurst vom Pillenpeter, von dem ja jeder weiß, dass er in seiner Apotheke bei jedem Pulver und jeder Pille die Gebrauchsanweisung auswendig lernt, damit er auch Auskunft geben kann, weil die Menschen im Fernsehen bei Nebenwirkungen zu Fragen an den Apotheker aufgehetzt werden, und ein Slice oder ein Hook ist ja schließlich ebenfalls eher eine Nebenwirkung, gegen die es allerdings keine Pillen und auch kein Pulver gibt, nicht mal Salbe.

> **Der dicke Schorsch könne ihm, dem Pillenpeter, einmal den Buckel runterrutschen und er soll sich den Ball sonstwo hinstecken**

Der dicke Schorsch sagt, dass in der Gebrauchsanweisung für diesen wunderbaren Ball leider nicht mitgeteilt wird, wie man die vierundsechzigmal berechnet hat, aber weil es gedruckt dort steht, kann es keinen Zweifel an der Wahrheit geben, wie wir alle wissen, und ganz besonders trifft das auf alles zu, was in Amerika gedruckt wird, und der dicke Schorsch liest weiter, dass die Golfplatzarchitekten in Amerika ganz verzweifelt sind wegen diesem Ball, weil man nun alle Plätze anders bauen muss, denn jede Runde, beispielsweise an einem Donnerstagnachmittag, die ein ▶

## DIE SACHE MIT DEM WUNDERBALL

ganz normaler Bürger spielt, funktioniert mit diesem Ball über die langen Löcher auf einmal in vier Schlägen und die mittleren in drei Schlägen, und niemals aus dem tiefen Blattsalat, sondern immer von der Mitte der gemähten Wiese, wobei sogar meine Wenigkeit sehr viel Geld spart, denn dieser völlig neue Ball ist unglaublich widerstandsfähig und geht auch nicht beim schlimmsten getoppten Schlag kaputt, was fast so toll ist wie die ewige Glühbirne, von der es immer heißt, sie macht das gesamte Glühbirnengeschäft auf dieser Welt kaputt, und wenn ein Ball nicht mehr kaputt geht und auch nicht verloren werden kann, braucht man ja keine neuen mehr – es sei denn, man haut das Dings ins Wasser, dann ist es weg, im Gegensatz zu einer Glühbirne, die nicht ins Wasser fällt. Es ist ein Ball fürs Leben, den der dicke Schorsch den weiten Weg aus Amerika mitbringt, und der Mensch soll das nicht scheiden, oder so ähnlich.

So gewinnt der dicke Schorsch beim Pillenpeter und auch bei meiner Wenigkeit sehr großes Ansehen, weil er aus der amerikanischen Zeitung so flüssig auf Deutsch vorlesen kann, was ja beweist, dass der dicke Schorsch ein multilingualer Mensch ist, was ich aber lieber nicht laut sage, weil ich sonst noch lange Erklärungen abgeben muss. Dann macht der dicke Schorsch aber einen entscheidenden Fehler, indem er erzählt, dass er sich in Amerika gleich drei Dutzend von diesen tollen Bällen gekauft hat, die ihm für den Rest des Lebens einen unglaublichen Vorteil verschaffen, was ja auch auf den Donnerstagnachmittag zutrifft und den Pillenpeter sowie meine Wenigkeit etwas irritiert. Es dauert aber bis zum siebten Loch, dann stellt der Pillenpeter die entscheidende Frage – er fragt, warum der dicke Schorsch denn überhaupt drei Dutzend von diesen tollen Bällen kauft, wo er doch ganz genau weiß, dass der Ball nicht kaputt geht und auch nicht verloren werden kann, so dass es eine völlig überflüssige finanzielle Ausgabe ist, weil dieser Ball die absolute Treue zu seinem Besitzer verkörpert. Das ist wieder typisch für den Pillenpeter, dass er auch in solchen Momenten an das Geld denkt, obgleich da für das Leben weitaus wichtigere Dinge Bedeutung erhalten – ganz abgesehen davon, dass man einem geschenkten Ball nicht ins Maul schaut, wie der Volksmund ganz richtig weiß.

Diese Frage vom Pillenpeter ruft natürlich ein betretenes Schweigen hervor, welches mindestens drei Löcher lang anhält, weil es ja in der Tat ein bisschen logisch ist, denn wenn einer beispielsweise eine von jenen Glühbirnen kauft, die nie kaputt gehen, dann braucht er ja auch nicht gleich ein Dutzend davon, es sei denn, er will sie an eine erhebliche Schar von Enkeln vererben, was aber weder für den dicken Schorsch noch den Pillenpeter oder gar meine Wenigkeit in Frage kommt – außerdem spielen wir diese Runde am Donnerstagnachmittag nicht mit Glühbirnen, sondern mit richtigen Bällen, meistens zweiteilig, mitunter auch mit teuren Dreiteiligen, bei denen es sich aber meistens um Geschenke zu Weihnachten oder zum Geburtstag handelt, denn ein normaler Mensch gibt für derartigen Luxus kein Geld aus. Allerdings gibt's keine zwei- oder dreiteiligen Glühbirnen.

Nach drei Löchern, also ungefähr am Zwölften, hat der dicke Schorsch seinen Denkprozess abgeschlossen und sagt, dass die Frage vom Pillenpeter eine Unverschämtheit ist, vor allem weil er, der dicke Schorsch, doch diese wunderbaren Bälle extra für uns über den Atlantik geschleppt hat, was man ja auch als Zeichen echter Freundschaft ansehen kann, und nun zerstört er mit solch blöden Fragen die Gefühle – worauf der Pillenpeter mit dem Ausdruck des tiefsten Erschreckens eine Entschuldigung formuliert, die mit der Aufforderung endet, der dicke Schorsch kann ihm, dem Pillenpeter, einmal den Buckel runterrutschen und er soll sich den Ball sonstwo hinstecken, oder womöglich anmalen und in einigen Wochen an den Christbaum hängen – da kann er gleich alle drei Dutzend hinbaumeln – und außerdem spielt er, der Pillenpeter, lieber mit einem abgefummelten Top-Flite, von dem jeder weiß, dass er für internationale Prüfungen genehmigt ist, obgleich er manchmal mit kühnen Kurven ins hohe Gras fliegt, was man aber von dem langweiligen Wunderball des dicken Schorsch überhaupt nicht weiß – jawollja, so spricht der Pillenpeter.

Auf diese Weise endet diese Donnerstagnachmittagsrunde mit einem dröhnenden Schweigen, welches bis zum Achtzehnten anhält, wobei ich in meiner Wenigkeit am liebsten auch eine von den abgefummelten Kugeln aus der Tasche hole, was ich denn aber doch nicht mache, so dass wir uns am nächsten Donnerstagnachmittag wieder treffen und es ist so wie immer. So bleibt die Frage im Raume stehen, warum der dicke Schorsch drei Dutzend wunderbare, unzerstörbare, unverlierbare Bälle kauft, wo er doch in diesem Leben nur noch den einen braucht.

ULI KAISER

# Rekord um Hase oder Karnickel

Was meine bescheidene Wenigkeit anbetrifft, so wissen der dicke Schorsch und der Pillenpeter natürlich ganz genau, dass ich die unglaublichen Rekorde dieses Spiels sehr schätze und auch mehrere dicke Bücher besitze, in denen beispielsweise zu lesen steht, bei welcher Gelegenheit und wo und wann zwei Bälle während des Fluges zusammenprallen oder wie und wo einer auf zwei Löchern hintereinander je eine Möwe tötet oder wie zwei Männer eines Tages im August des Jahres 1922 beschließen, jeden Donnerstag zu spielen und das auch bis zum Januar 1938 machen und nur damit aufhören, weil der eine plötzlich tot umfällt, was aber nichts daran ändert, dass der Tote gewonnen hat und zwar mit 42.371 Schlägen gegenüber 44.008 Schlägen. Letztere Geschichte habe ich dem dicken Schorsch und dem Pillenpeter schon oft besonders gern erzählt, was vor allem daran liegt, weil wir unsere Runde ja auch am Donnerstag spielen und zwar am Nachmittag, aber leider versäumen wir vor vielen Jahren den Beginn einer richtigen Buchführung und wie man weiß, ist es dann sehr schwer, die Ergebnisse aus dem Gedächtnis aufzuschreiben – was mich anbetrifft, so bin ich davon überzeugt, haushoch in Führung zu liegen, aber der dicke Schorsch und der Pillenpeter behaupten das auch von sich. Tot umgefallen ist bei uns übrigens auch noch keiner.

Tatsache ist, dass mir an diesem Donnerstagnachmittag alle Rekorde auf einmal einfallen und zwar auf dem langen Dritten, weil da mitten auf der Wiese ein Hase hockt, von dem der dicke Schorsch behauptet, es ist ein Karnickel, was insofern für dieses Spiel relevant ist, weil ein Karnickel ein grabendes Tier ist, welches nach Regel 25 richtige Erdgänge in den Boden gräbt, während ein Hase dieses nicht tut, sondern nur ein Loch scharrt, welches wir unter der Bezeichnung „Sasse" kennen, und wenn die Jagd eröffnet ist, schmeckt der Hase (nach mehrtägigem Abhängen) bedeutend besser, vor allem mit Rotkraut, wobei man den Hasenrücken auch mit Speckscheiben belegen kann, weil er sonst eventuell trotz des Rotweins ein bisschen trocken ist, und zum zweiten Frühstück empfehlen wir die gebratene Leber mit frischem Weißbrot.

Der Pillenpeter hält sich bei der Diskussion auffallend zurück, was wahrscheinlich daran liegt, dass er die ersten beiden Löcher verliert und sich nun überlegt, wie er in seiner Apotheke diesen gnadenlosen Verlust durch eine ebenso gnadenlose Preiserhöhung wieder aufholt – der Pillenpeter also unterbricht die Diskussion, ob Hase (lat.: lepus) oder Karnickel (lat.: cuniculus) mit dem Hinweis, dass Karnickel kürzere Ohren und kürzere Hinterbeine haben sowie einen gedrungenen Körperbau und die erwähnten Höhlen graben, was man vom dicken Schorsch und meiner Wenigkeit nicht sagen kann, was beim Pillenpeter aber nur ein Witz sein soll.

Der Pillenpeter behauptet aber auf einmal, er kann das Karnickel respektive den Hasen, der dort in ungefähr vierundneunzig Meter Entfernung auf dem Fairway hockt, mit dem TopFlite zwischen den Ohren treffen und somit erlegen und zwar mit dem Dreier-Holz.

Vom dicken Schorsch und meiner Wenigkeit erntet der Pillenpeter für diese interessante Prophezeiung ein außerordentlich höhnisches Gelächter, weil alle Tötungen, die in meinen dicken Rekordbüchern über dieses Spiel verzeichnet stehen, sind eher dem Zufall entsprossen, auf keinen Fall aber nach einer Ankündigung, weil ja keiner wissen kann, ob das Viech dort vorne auf der Wiese überhaupt hocken bleibt bis der mordlüsterne Pillenpeter seinen Gelüsten nachkommt oder ob das Kaninchen klugerweise das Hasenpanier ergreift oder ob da irgendetwas nicht hasenrein ist. Aber dieses Karnickel heißt Hase und weiß von nichts – es bleibt hocken und der Pillenpeter, der noch nie in seinem Leben den Ball dorthin geschlagen hat, wo er hin soll, trifft mit dem Dreier-Holz einen ebenso flachen wie harten Ball, der genau zwischen den Ohren des Tieres einschlägt und sofort für dessen Ableben sorgt, was beim dicken Schorsch, dem Pillenpeter und meiner Wenigkeit für bewundernde Trauer sorgt, die sich in zunächst stiller Ergriffenheit ausdrückt. ▶

> **Es handelt sich ganz klar um ein Karnickel, welches nach Regel 25 Gänge in den Boden buddelt**

## REKORD UM HASE ODER KARNICKEL

Nach einigen Minuten des Gedenkens für die friedfertige Karnickelseele, die so abrupt in den Karnickelhimmel verbannt wird, erwähne ich in meiner Wenigkeit die Rekordfähigkeit des gesamten Geschehens und es muss sofort an die Verwaltung des dicken Rekordbuches gemeldet werden, weil das, was der Pillenpeter da fertigbringt mit Sicherheit noch nie zuvor auf dieser Welt passiert ist – zumindest fragen kann man ja mal und wie jeder weiß, verfügt der Pillenpeter auch mindestens über zwei außerordentlich glaubwürdige Zeugen, nämlich den dicken Schorsch und meine Wenigkeit, die den Vorgang beschwören, was auch auf das Hinscheiden jenes Karnickels respektive Hasen zutrifft.

Der Pillenpeter, von dem jeder weiß, dass es sich bei ihm um einen sehr realitätsbewussten Menschen handelt, gibt dem dicken Schorsch denn auch noch den Rat, wie man ein Karnickel von seinem Fell befreit und wie man es dem Verzehr zuleitet, wobei meiner Wenigkeit plötzlich einfällt, dass die ganze Angelegenheit nicht unbedingt der waidmännischen Gepflogenheit entspricht, weil ich noch nie von einer Jagd gehört habe, bei der man mit harten, weißen Bällen und dem Dreier-Holz auf die Pirsch geht – außerdem gibt es wahrscheinlich einen Jagdpächter für das Gelände vor dem dritten Loch, der auch für das Niederwild verantwortlich ist und in solchen Fällen eventuell etwas harsch reagiert.

Der Pillenpeter sagt erstmal gar nichts, woran man immer merken kann, dass er stark ins Nachdenken vertieft ist – dann sagt er, dass die ganze Angelegenheit zum Himmel stinkt, weil es ja nicht nur die Jagdgesetze und das wirkliche Waidmännische sind, was da durch den dicken Schorsch verletzt wird, sondern allem Anschein nach auch die Gesetze für den Tierschutz, weil man Karnickel ja vielleicht einmal zufällig mit dem Dreier-Holz erledigen kann, aber in keinem Falle mit Absicht, weil ja sonst unter anderem auch die Waffenindustrie etwas dagegen hat, weil keiner mehr die teuren Flinten kauft, sondern nur noch spezielle Dreier-Hölzer für die Jagd. Deswegen – sagt der Pillenpeter – soll der dicke Schorsch sich das sehr gut überlegen, ob er diesen Rekordschuss gegen das Karnickel – respektive den Hasen – wirklich offiziell anmelden will, weil es ihn in große Schwierigkeiten bringen kann, welche schließlich sogar vor dem Gericht enden, wo keiner weiß, ob der Richter tatsächlich die Bedeutung von dem tollen Schuss vom dicken Schorsch richtig zu würdigen vermag.

Der dicke Schorsch kriegt bei solchen Drohungen mit juristischen Konsequenzen doch eine gewisse Bedenklichkeit in den Blick, weil der Eintrag in ein dickes Rekordbuch ist die eine Sache, aber die andere Sache ist das Kittchen, welches ja nun auch in gewisser Weise nicht gerade den Ruf eines Menschen erhöht, selbst wenn man seine Unschuld beteuert, was wir vom Fernsehen kennen, wo auch immer zuerst die Unschuldigen verdächtigt werden und erst nachher die Pathologen erklären, was der Hase – respektive das Karnickel – zuletzt gefressen hat, woraus sie dann schließen, dass er es gar nicht gewesen sein kann – und die genaue Zeit des Dahinscheidens kann der Pathologe immer erst später sagen, wegen des Mageninhalts und

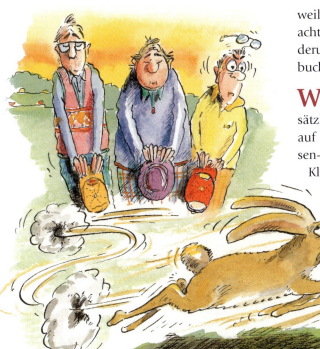

weil es sonst wahrscheinlich nur grobe Unachtsamkeit mit Todesfolge ist, was aber wiederum keinen Eintrag in das dicke Rekordbuch zur Folge hat, weil das öfter vorkommt.

Während dieser außerordentlich grundsätzlichen Diskussion gehen wir langsam auf die Karnickelleiche – respektive Sie-wissen-schon – zu, wobei wir uns darüber im Klaren sind, dass dieser Kadaver in jedem Fall fortgeräumt werden muss, weil sich eventuell eine andere Spielergruppe hinter uns dadurch belästigt fühlt und somit für starkes Gerede im Klubhaus sorgt, von welchem wir nicht genau wissen, ob es sich mehr zum Positiven oder zum Negativen entwickelt.

Dann stehen wir vor dem gemeuchelten Nagetier, und der Pillenpeter sagt, es handelt sich ganz klar um ein Karnickel (lat.: cuniculus; engl.: rabbit!), welches nach Regel 25 die Gänge in den Boden buddelt, vor allem in den Bunkern, wo diese Wühler in wilder Lust und viel Gescharre immer das machen, was Karnickel immer machen, wenn sie kleine Karnickel verursachen.

außerdem steht's dann ja auch im Bericht. Aber bei toten Hasen – respektive Karnickeln – gibt es keine pathologische Untersuchung.

Was meine Wenigkeit anbetrifft, so muss ich sagen, wie sehr ich es bedauere, wenn es nicht zu der Eintragung ins dicke Rekordbuch kommt, weil es ja nicht jeden Tag vorkommt, und deshalb halte ich die Rede vom dicken Schorsch auch für einen Blödsinn und erkläre mich sofort bereit für einen Auftritt vor Gericht als Zeuge bei einem Prozess des Volkes gegen den dicken Schorsch wegen vorsätzlichem Mord an einem Hasen – respektive Karnickel – und zwar mit voller Absicht,

Was dieses Tier anbetrifft, bei dem der Pillenpeter, der dicke Schorsch und meine Wenigkeit eine Art Trauergesellschaft bilden, so rappelt es sich auf, blickt uns ziemlich beleidigt an und rennt davon, wobei man übrigens die kürzeren Ohren und kürzeren Hinterbeine sehr gut erkennen kann, so dass kein Zweifel besteht, ob Hase oder Karnickel.

**ULI KAISER**

# Dem *dicken Schorsch* sein *Geburtstagsturnier*

**W**as den dicken Schorsch anbetrifft, so ist er davon überzeugt, dass das Schicksal ihn nicht besonders mag, was sich auf sein Liebesleben mit den verschiedensten Familien und zeitweilige Lebensgemeinschaften auswirkt, die in der Tat ihre tiefen Spuren in seinen nur bedingt edlen Gesichtszügen hinterlassen. So kommt es, dass der dicke Schorsch in seinem inhaltsreichen Leben nur eine einzige länger andauernde Partnerschaft eingegangen ist, und zwar handelt es sich dabei um diesen Donnerstagnachmittag, an dem er seit vielen Jahren mit dem Pillenpeter und meiner Wenigkeit eine Runde spielt, was ihm als Ersatz für eine eheliche Gemeinschaft vollkommen ausreicht, weil es im Prinzip immer noch preiswerter ist als beispielsweise eine standesamtlich bescheinigte Bindung.

An diesem Donnerstagnachmittag ist aber alles anders, denn der dicke Schorsch hat Geburtstag. Zu diesem feierlichen Anlass veranstaltet er nach Rücksprache mit seiner Bankverbindung ein Turnier mit Menschen, mit denen er nicht gerade verkracht ist, was die Zahl der Geburtstagsgäste stark einschränkt und somit auch die Ausgaben für die Turnierpreise und ein eventuelles kleines Abendessen mit Getränken – aber nur Bier und von jenem Wein, den bei uns im Clubhaus normalerweise der Koch für die Verfeinerung der Bratensoße verwendet, also nichts Tolles. Kein Schnaps und auch kein Wasser, weil bei uns das Wasser ein wenig überteuert erscheint, was ja nur korrekt ist, denn das Wasser trinken ist ein Luxus, der nun mal seinen Preis hat.

**S**o kommt es, dass der dicke Schorsch an diesem Donnerstagnachmittag ungefähr zwanzig oder dreißig Bürger willkommen heißt, die in seinem Leben eine gewisse Rolle spielen, was ja nicht unbedingt gegen sie spricht, wobei darauf hinzuweisen ist, dass sie alle ja irgendwie dieses Spieles mächtig sein müssen, weil sie ja sonst nicht in den eventuellen Genuss der Preise kommen können. Das ist im Hinblick auf einige nahrhafte Dauerwürste, mehrere Schachteln nützlicher Bälle, eine außerordentlich überflüssige silberne Zigarettendose mit der drohenden Gravierung „Erstes Brutto", zwei Erste-Hilfe-Kästen, die übrigens der Pillenpeter aus seiner Apotheke gestiftet hat, sowie einen Gutschein im Wert von fuffzig Stück von dieser neuen Währung für den Proshop ziemlich beachtlich.

**U**m den Sinn des erweiterten Treffens von vergangenen und künftigen sowie einigen derzeitigen Angehörigen des dicken Schorsch zu begreifen, muss einer wissen, dass der dicke Schorsch in dieser Beziehung ein recht bewegtes Leben führt, was im Moment dazu führt, dass er getrennt lebt von einer Dame, die ihn rein staturmäßig bei weitem übertrifft und als Beweis dafür angesehen werden kann, dass der dicke Schorsch schon immer einen Sinn für den klassischen Barock hatte.

## An den Flaschen klebt noch das Etikett, wo die Flasche im Supermarkt für drei Euro zu haben ist

Aber dieses gewaltige Weib ist trotz der Trennung erschienen und zwar mit einem spindeldürren Freund mit einem Neuner-Handicap, das in diesem Kreis für einiges Aufsehen sorgt, denn das hat sonst bei weitem keiner, was aber auch bedeuten kann, dass sie den Spindeldürren nur mitbringt, um den dicken Schorsch zu ärgern.

**D**as wäre ja alles noch zu ertragen, aber der dicke Schorsch hat an diesem Donnerstagnachmittag nicht nur die Dame eingeladen, von der er getrennt lebt, sondern auch eine weitere Dame, die der Grund für diese Trennung ist, und da diese Dame ja nicht allein sein will, hat sie ebenfalls einen Freund mitgebracht, der ein wenig betagter ist und deshalb mit einem pickeligen Sohn und einer früh entwickelten Tochter auftritt, was in einer großen Familie möglich ist und auch sonst kaum auffällt. Die Frühentwicklung nennt unseren dicken Schorsch ohne jede Scheu ihren Papsi und küsst ihn auf eine Weise, wie man einen Papsi nicht küsst, selbst wenn er Geburtstag hat und normalerweise der dicke Schorsch ist, den bei uns im Club kein Mensch als Papsi kennt, schon gar nicht der Pillenpeter und meine Wenigkeit, wobei wir uns in bescheidener Weise ein wenig ins Abseits stellen, was aber nicht viel nutzt, denn der dicke Schorsch tut uns einen ganz besonders großen Gefallen, indem er uns mit der getrenntlebenden gewaltigen Dame ▶

## DEM DICKEN SCHORSCH SEIN GEBURTSTAGSTURNIER

auf die Runde schicken will, was uns ziemlich stört, denn sie hat ein Fünfer-Handicap und mit solchen Damen spielen wir normalerweise nicht. Auf jeden Fall wird dem Pillenpeter und meiner Wenigkeit auf einmal völlig klar, warum der dicke Schorsch im Umkreis von fünfzig Kilometern immer wieder den Club wechselt – er macht das, weil die Damen in den Clubs zu stark sind und er gegen die immer verliert, was eine gewisse Logik hat, denn wenn einer immer gegen die Damen verliert, muss er in einen Verein gehen, wo die Damen vielleicht nicht ganz so stark sind und den dicken Schorsch nicht immer zu Sonderausgaben zwingen.

Zwischendurch bemüht sich der dicke Schorsch, seine dicksten Freunde – nämlich den Pillenpeter und meine Wenigkeit – in seine etwas komplizierten Verhältnisse einzuweihen, wobei wir erfahren, dass das mickrige Kerlchen mit den Knickerbockern, welches gerade mit der Frühentwickelten schäkert – dieses mickrige Kerlchen war einst eine Art Schwiegervater in zweiter Ehe vom dicken Schorsch, während seine Ex-Ehefrau – eine Vorgängerin der stabilen getrennt Lebenden – mit diesem Spiel nicht viel am Hut hat und nur immer mitgeht, weil sie in dichtem Mischwald gerne nach Pilzen sucht und auf diese Weise einem früheren Gatten ihrer Schwester mütterlicherseits hilft, die golferischen Betriebskosten in einem überschaubaren Rahmen zu halten. Diese Dame tritt immer in schwarzer Kleidung auf, weil sie sich bei den Pilzen mit einem früheren Verlöbnis einmal etwas vergriffen hat, was dem Verlobten nicht bekam und deshalb die schwarze Kleidung – aber man hat ihr nichts beweisen können.

Wie jeder weiß, ist das Aufeinandertreffen von Menschen, die sich lange nicht gesehen haben, immer mit starken Geräuschen verbunden, ohne die eine überraschende Freude nicht auszudrücken ist, aber diese Geräusche neben dem ersten Abschlag wirken für sensible Menschen ein wenig störend, so dass sie den Ball in die Wicken hauen und sich das Geburtstagsturnier vom dicken Schorsch über eine längere Zeit hinzieht. Das ändert sich auch nicht, weil der dicke Schorsch heute tatsächlich ganz tolle Spendierhosen anhat und neben den Abschlag einen Tisch stellt, auf dem außerordentlich großzügig mit einem Schaumwein umgegangen wird, wobei an den Flaschen noch das Etikett klebt, welches darauf hinweist, dass die Flasche im Supermarkt für drei Euro im Sonderangebot zu haben ist und jeder schwört, dass das klebrige Zeug von einem teuren Schampus nicht zu unterscheiden ist, obgleich der dicke Schorsch zu seiner Bordellbrause beim Pillenpeter auch noch eine Kurpackung Aspirin gekauft hat, präventiv sozusagen, und für alle Fälle.

Das Turnier, welches ja eine gewisse Ernsthaftigkeit voraussetzt, gerät auf diese Weise ins Stocken, oder genauer gesagt, es schlägt keiner mehr ab, weil auf einmal die Getrenntlebende und die erste Ehemalige vom dicken Schorsch in einen heftigen Disput geraten, wobei sich der Derzeitige von der ersten Ehemaligen mutig ins Getümmel wirft und immer wieder das schöne Lied anstimmt von dem Tag, der so wunderschön wie heute ist; und da der dicke Schorsch ja nun Geburtstag hat und somit auch der ist, der bezahlt, hat er das Sagen und darf auch ungestraft behaupten, dass er noch nie einen so glücklichen Donnerstagnachmittag erlebt hat, was nicht ganz falsch ist, denn wenn er sonst mit dem Pillenpeter und meiner Wenigkeit auf der Runde ist, muss er immer zahlen, was an seinem Slice liegt, der aber an diesem Donnerstagnachmittag keine Rolle spielt, wobei man fairerweise darauf hinweisen muss, dass die gewaltige Dame mit dem Fünfer-Handicap plötzlich meine Wenigkeit an ihre unglaubliche Brust drückt und unter Tränen erklärt, sie werde mir den garantiert slicelosen Abschlag beibringen sowie eine sichere Annäherung, denn die Freunde vom dicken Schorsch sind auch ihre Freunde, jawoll, was dazu führt, dass ich eine körperliche Bedrohung empfinde.

Dann sagt der dicke Schorsch unverhofft, dass es regnet, und man kann ins Clubhaus gehen für die Fortsetzung seines Geburtstagsturniers, obgleich kein Tröpfchen vom wolkenlosen Himmel fällt, was aber mit großer Begeisterung zur Kenntnis genommen wird, denn die frühentwickelte Tochter der Getrenntlebenden vom dicken Schorsch wird uns im Clubraum auf dem dort verankerten Klavier einige Melodien zum Besten geben, worauf denn auch die letzten Schranken fallen; und der Klapperdürre mit dem Neuner-Handicap steigt auf das Klavier und springt herab, wobei er steif und fest behauptet, er habe mit Hanni Hannawald trainiert, was aber niemanden interessiert, weil eine Dame solchen Namens haben wir in unserem Club nicht. An dem Klavier wird ein mehrstelliger Schaden festgestellt, der allerdings von einer Versicherung übernommen wird, aber der Dürre entschuldigt sich mit tiefen Verbeugungen bei dem Klavier, was dieses bewegungslos und beleidigt zur Kenntnis nimmt. Die Preise für das Turnier, das kein richtiges Ende erlebte, hat der dicke Schorsch immer noch im Kofferraum – nur die Dauerwürste hat er am späteren Abend unter den Anwesenden verteilt.

Am nächsten Donnerstagnachmittag hat der dicke Schorsch keinen Geburtstag, aber es wird noch lange geredet über das schöne Fest und die nette Familie des dicken Schorsch.

**ULI KAISER**

# Der *brave* Mann *denkt* an sich

An diesem Donnerstagnachmittag kommt der dicke Schorsch vom Parkplatz an den ersten Abschlag gelatscht, und wenn man den dicken Schorsch ein bisschen kennt, sieht man gleich an seinem roten Kopf, wie er sich aufregt, was bei ihm allerdings öfter vorkommt, so dass der Pillenpeter und meine Wenigkeit gar nicht erst über den roten Kopf sprechen, sondern gleich schimpfen, weil der dicke Schorsch natürlich wieder zu spät kommt und wir jetzt die Gruppe mit den Damen die nächsten vier Stunden vor uns haben, die ja nicht die allerschnellsten sind, was das Spiel anbetrifft. Der dicke Schorsch geht denn auch gleich hoch, als ob er einen Hirnstillstand erleidet oder sonst eine schreckliche Folterung über sich ergehen lassen muss, was im Grunde genommen gegen seine Natur ist, weil man kann über den dicken Schorsch viel sagen, aber sicherlich nicht, dass er ein ausgesprochener Weiberfeind ist, was auch durch seine zahlreichen Familien und sonstigen eheähnlichen Verhältnisse zu belegen ist, von denen jeder weiß, und daran ändert auch nichts die Tatsache, dass er im Moment getrennt lebt. So sagt der dicke Schorsch etwas zusammenhanglos, dass das ja wieder einmal typisch ist für diese Welt und er ist sich sicher, dass es bald zum Untergang derselben kommen wird, weil wir immer mehr in ein Matriarchat abdriften, aber er kann sich vorstellen, dass wir beide – der Pillenpeter und meine Wenigkeit – noch gar nichts davon gespürt haben, weil wir nämlich die schlimmsten Ignoranten sind, die sich einer vorstellen kann, und überhaupt nicht wissen, was ein Matriarchat ist – kurz gesagt, fragt uns der dicke Schorsch, ob uns der Name einer gewissen Frau Burk irgendwie geläufig ist, wobei ich sofort zugebe, noch nie von einer Dame dieses Namens gehört zu haben, und frage den dicken Schorsch, ob sie denn bei uns im Club ist als neues Mitglied oder womöglich gar dort vorne in der Gruppe mit den vier Damen rumläuft, die übrigens gar nicht so schlecht spielen und mit dem Zweiten auf dem Vorgrün sind.

D er dicke Schorsch sagt denn auch, dass er sich schon immer denkt, dass ich in meiner Wenigkeit keine Ahnung habe vom Leben und seinen besonderen Umständen, denn die Frau Burk heißt mit Vornamen nämlich Martha, was ja schließlich schon typisch ist für so ein Weib, welches natürlich nicht bei uns im Club ist, sondern in überhaupt keinem Club und auch keinem Club beitreten möchte, sondern sich in Amerika gerade kämpferisch dafür einmischt, dass sie Frauen in den Club in Augusta aufnehmen, wo sie bekanntlich das Masters spielen, aber keine Weiber zulassen – wobei man darauf hinweisen muss, dass es der Pillenpeter ist, der bei Frauen oder Damen immer von Weibern spricht, was mir in meiner Wenigkeit immer ein inneres angsterfülltes Zucken verursacht, weil das würde ich mir nie getrauen, obgleich das Weib durchaus ein Wort von biblischem Ursprung ist, wobei ich den dicken Schorsch auf den ersten Korintherbrief hinweise, Kapitel elf, Vers drei, wo alles geschrieben steht, was der dicke Schorsch meint; aber er sagt, ich sei in meiner Wenigkeit ein elender Angeber, aber er wird zu Hause nachgucken, was an dieser Stelle im Buch der Bücher aufgeschrieben steht.

## Der dicke Schorsch erklärt, er werde sofort in unserem Club einen Antrag stellen, die Damenabschläge abzuschaffen

N achdem der dicke Schorsch, der Pillen-Peter und meine Wenigkeit unsere Bälle wie gewohnt mit routiniertem Slice und schönem Bogen von links nach rechts in das halbhohe Gras an der Fairwaykante gehauen haben, äußert sich der Pillenpeter völlig überraschend zu dem Thema und weist darauf hin, dass sie in den amerikanischen Südstaaten und somit auch in diesem Kaff namens Augusta nicht nur die Sklaverei erst kürzlich abgeschafft haben, sondern auch nach Shakespeare leben, der nicht die Regeln für dieses Spiel aufschrieb, sondern beispielsweise ein bekanntes Theaterstück namens Hamlet, in dem es dann ja auch sehr richtig heißt, Schwachheit, dein Name ist Weib, was man schon daran sehen kann, dass sie weiter vorne abschlagen und einen kürzeren Drive haben – das heißt, in dem Club in Augusta dürfen die Damen abschlagen, wo sie wollen, denn sie haben kein Damen-Tee, welches in der Landschaft störend wirkt. ▶

## DER BRAVE MANN DENKT AN SICH

Nachdem der Pillenpeter bisher höchstens über den Preis von Kopfschmerztabletten und Leukoplast mitreden kann, sind der dicke Schorsch und meine Wenigkeit sehr überrascht, denn dem Hamlet kann einer bekanntlich viel nachsagen, aber sicherlich nicht, dass er von diesem Spiel auch nur die allerkleinste Ahnung hat. Aber der dicke Schorsch ist ein Angeber mit erstaunlicher Halbbildung und sagt, dass ein Mensch namens Goethe die Forderung aufschrieb, das Weib lerne dienen beizeiten – was nun wiederum in keinester Weise etwas mit dieser Frau Martha Burk zu tun hat, die noch nie etwas von Goethe hörte und nichts weiter will, als den Eingang zum Club in Augusta auch jenen Wesen öffnen, die (laut Schiller, Friedrich) mitunter zu Hyänen werden können, während der bereits erwähnte Goethe (Joe, Dabbelju) nicht besonders konsequent ist, weil er in einem anderen Stück auffordert, den Weibern zart entgegenzutreten.

In diesem Sinne fühlt sich der Pillenpeter angesprochen und beginnt eine Geschichte von außergewöhnlicher Langweiligkeit, die meiner Wenigkeit ziemlich auf den Keks geht, was vor allem daran liegt, dass ich einen Viermeterputt habe und zwar zum Par, was ein ziemlich blöder Putt ist, wenn einer daneben steht und eine langweilige Geschichte erzählt, in der übrigens von einer Schwedin die Rede ist namens Annika Sörenstam, die bei den Männern mitspielen will, was nun in der Tat eine Sache ist, bei der man sich aufregen darf, selbst wenn man einen wichtigen Viermeterputt vor sich hat. Natürlich ist sie auch noch blond, diese Schwedin, weil alle Schweden blond sind und nicht selten auch sonst ihre Probleme haben.

Auf jeden Fall fällt meiner Wenigkeit ein, dass ich sofort den Antrag stelle, in der rhythmischen Sportgymnastik mitzumachen, denn – wie jeder weiß – bin ich ganz besonders elegant beim Spiel mit den Keulen und dem Reifen und dem Springseil und außerdem habe ich bei olympischen Spielen diese synchronisiert-tauchenden Damen gesehen, die da immer mit der Wäscheklammer auf der Nase durchs Wasser turnen – das will ich jetzt auch machen?, gar nicht zu reden vom Stufenbarren und von dem Schwebebalken, denn wenn die Weiber beispielsweise boxen und golfen, kann ich ja wohl auch bei den Sachen mitmachen, wo die besondere Grazie verlangt wird, die schon immer meine Stärke war, obgleich aus dem Viermeterputt ums Par wegen unfairer Ablenkung ein Doppelbogey wird, was mich übrigens stärker beeindruckt als diese blonde Schwedin oder gar diese Frau Burk, von der es heißt, dass sie überhaupt nicht weiß, wie dieses Spiel funktioniert und dass es vom lieben Gott persönlich erfunden wurde, und zwar allein für die Männer, denn wenn es anders wäre, hätte er es dem Moses diktiert, damit er es aufschreibt, jawoll.

Der dicke Schorsch unterdessen hat immer noch einen roten Kopf vor lauter Ärger und will sofort einen Brief nach Augusta schreiben und sich als Mahnwache zur Verfügung stellen, damit kein weibliches Wesen ungefragt sich in den Club getraut, was übrigens auch die deutsch-amerikanischen Verhältnisse sofort und entscheidend verbessern wird, womit man dem dicken Schorsch auch ein gewisses weltpolitisch-transatlantisches Verantwortungsbewusstsein bescheinigen muss. Der dicke Schorsch erklärt, er wird sofort in unserem Club einen Antrag stellen, die Damenabschläge abzuschaffen – die Weiber sollen abschlagen, wo sie wollen, wenn sie unbedingt spielen wollen, aber besser ist, sie setzen sich auf die Clubhaus-Terrasse, aber nicht vor das Fenster, von dem man das achtzehnte Grün sehen kann, wo sie ein wenig störend wirken, vor allem bei Regen – es sei denn, sie verzichten auf den Regenschirm. Der dicke Schorsch weiß, wovon er redet, denn er hat wegen latenter Niederlagen gegen diverse Damen schon fünfmal den Club gewechselt – in der Hoffnung, dass die Damen im neuen Club nicht so stark spielen.

Wie wir inzwischen wissen, hat sich diese Dame namens Martha allerdings in Augusta nicht richtig durchgesetzt, weil dieser grüne Kittel wieder einem Mann verliehen wurde, und zwar von einem Präsidenten namens Johnson, der auf den Spitznamen Hooti hört, was allerdings irgendwie seltsam klingt – ich habe beispielsweise keinen einzigen Bekannten, der sich als Hooti zu erkennen gibt, und es wäre mir außerordentlich peinlich, wenn mich einer so nennen würde.

Mit diesen tiefschürfenden Gedanken über die Tatsache, dass der liebe Gott nicht nur den Golfspieler erschaffen hat, sondern auch zwei verschiedene Sorten von Menschen, die sich in einer losen Abhängigkeit zueinander befinden, aber keineswegs dazu verpflichtet sind, in Feld und Flur ausgerechnet dieses Spiel miteinander zu betreiben.

So haben der dicke Schorsch, der Pillenpeter und meine Wenigkeit diesen Donnerstagnachmittag miteinander verbracht, wobei man zugeben muss, dass die vier Damen in der Gruppe vor uns schon nach sechs Löchern die entsprechenden Zeichen geben, dass sie uns durchspielen lassen, was den Pillenpeter und meine Wenigkeit zu einer zähneknirschend-höflichen Danksagung veranlasst – der dicke Schorsch allerdings kriegt einen noch röteren Kopf und presst die Lippen aufeinander und guckt in den Himmel und sagt kein Wort. Als wir hundert Meter weiter sind, zitiert er unseren großen Dichter und sagt, der brave Mann denkt an sich. Selbst zuletzt.

**ULI KAISER**

# *Über die Notfallmedizin*

An diesem Donnerstag gegen zwei kommt der dicke Schorsch an den Abschlag geschlichen und sagt, es geht ihm nicht gut, weil er offenbar etwas Ungutes gegessen hat, was sofort den gierigen Blick in die Augen vom Pillenpeter treibt, denn der Pillenpeter sieht in jedem Menschen einen potenziellen Kunden für seine Apotheke, dem er seine Salben und Pillen andrehen kann – da kennt er keine Freunde und deshalb packt er auch sofort für den dicken Schorsch ein Erstehilfeköfferchen aus dem Bag und zwar in der Farbe Orange, was wahrscheinlich bedeutet, dass der dicke Schorsch seiner letzten Stunde in absehbarer Zeit entgegenblickt oder wenigstens Bauchweh hat.

Was die Medizin anbelangt, so hat der Pillenpeter natürlich einiges zu bieten, was sich vor allem in der Farbigkeit der Erstehilfeschachteln aus reinem Plastik ausdrückt, denn Blau ist für den Kopf, Grün ist für den linken Ellenbogen, Rot ist für die Blase und so weiter, und wenn ich mich nicht irre, hat der Pillenpeter sogar die richtigen Pillen gegen den Slice und den Hook bei sich – gar nicht erst zu reden von Kreuzschmerzen oder Durchfall, was beides zu den besonders lästigen Krankheiten bei diesem Spiel zu zählen ist, vor allem wenn sie unterwegs keine Toiletten aufgebaut haben, sondern darauf hoffen, dass es gut geht, und das auch noch auf einem sogenannten Linkskurs, wo einer kilometerweit gucken kann und sich nicht anstandsvoll verstecken wegen den fehlenden Bäumen und Büschen.

Meine Wenigkeit ist dem Pillenpeter nicht so besonders willkommen, weil ich eigentlich nie was habe, was dem Wohlbefinden hinderlich ist – es ist mir allerdings auch noch nie gelungen, den Beruf mit diesem Spiel zu verbinden, denn die Gespräche mit notleidenden Verlegern und ähnlich armen Schluckern treiben mir regelmäßig die Tränen in die Augen, und haben immer wieder den Schluss, dass ich in meiner Wenigkeit für eine Geschichte wie diese hier, die ich gerade eben aufschreibe, am liebsten auch noch etwas bezahlen will – so bedürftig sind alle Verleger dieser Welt – was aber nichts mit dem Pillenpeter seinen verschiedenfarbenen Puppenköfferchen zu tun hat, aus denen er für jedes auch kleinste und stärkste Unwohlsein das entsprechende Mittel auspackt und erklärt, man soll bei Nebenwirkungen und Risiko den Arzt und vor allem den Apotheker namens Pillenpeter fragen, von dem wir ja wissen, dass er zum notleidenden Teil unserer Bevölkerung gehört und deshalb auch mit Bällen spielt, die im Herbst achtundfünfzig aus der Mode kommen und seither des Öfteren runderneuert wurden. So ist das.

In diesem Fall ist der Notfall also der dicke Schorsch und der erklärt, dass es der Magen im Zusammenhang mit der Achillessehne ist, die wiederum ihre Auswirkungen auf das linke Handgelenk hat, was selbstverständlich mit dem Meridian des Dickdarms zusammenhängt, welcher bekanntlich für einen ruhigen Schwung von besonderer Wichtigkeit ist, was der Pillenpeter auch sofort erkennt und sagt, dass der dicke Schorsch drei von den rosa Pillen nehmen soll in Kombination mit vier grünen und einer weißen, was der dicke Schorsch aber mit der Bitte anlehnt, ob er nicht anstatt der drei rosa Pillen noch eine von den gelben haben kann, die beim letzten Mal doch so beruhigend beim Putten auf ihn gewirkt haben und vor allem eine so sympathisch-fröhliche Farbe haben. Meine Wenigkeit gestattet sich daraufhin den gewagten Einwurf, dass der dicke Schorsch noch nie hat putten können, ob mit gelben oder mit grünen Pillen – er soll sich lieber Augentropfen beim Pillenpeter holen, weil für das Talent gibt es kein Pulver, dann schon eher gegen den Slice, – was der dicke Schorsch aber ziemlich persönlich nimmt und sagt, dass er kein Mitleid will und schon gar nicht von meiner Wenigkeit, wo doch jeder weiß, dass ich ohne Beruhigungstabletten nie an den Abschlag gehe, was selbstverständlich eine reine Lüge ist. So bin ich auch beleidigt und wir können eigentlich endlich anfangen mit einer Runde, die eine leicht beschädigte Harmonie zeigt, worauf ich allerdings zur völligen Überraschung für alle drei Beteiligten den Ball bis kurz vor den Horizont haue, was auch nicht jeden Tag vorkommt.

Das sieht der dicke Schorsch aber überhaupt nicht gern, denn er hält sich für einen von diesen begnadeten Menschen, die mit dem göttlichen Talent gesegnet sind – das ▶

> **Es ist kein erhebender Anblick, wenn der lange feuchte Faden aus der Nase rinnt und genau auf den Ball fällt**

## ÜBER DIE NOTFALLMEDIZIN

liegt daran, weil er irgendwann im Oktober vor dreißig Jahren einmal den Ball bei einem kurzen Loch vom Abschlag an die Fahne geschlagen hat – das heißt, der Ball fliegt wahrscheinlich fünfzig Meter weiter in einen Sumpf, aber der Fahnenlappen wickelt sich damals um den Ball und so fällt der Ball direkt herab aufs Grün – das heißt, so ganz direkt auch wieder nicht, denn es bleibt immer noch ein Putt von sagen wir zwanzig Zentimetern, den der dicke Schorsch dann allerdings souverän verwandelt – alles was recht ist, muss recht bleiben, muss man zugeben, jawoll, und zwar hat der dicke Schorsch zwei von den gelben Pillen genommen, was natürlich das Vertrauen unheimlich stärkt.

Ich gebe in meiner Wenigkeit keinen Cent dafür, dass der Pillenpeter sein Zeug los wird – es sei denn, diese Pillen im Frühjahr, wenn dieses gelbe Mehl von den Bäumen fällt und unsereiner das große Niesen kriegt, was sie als Heuschnupfen bezeichnen, was die liebste Krankheit vom Pillenpeter ist, denn da bringt er die tollsten Pillen und Sprühdosen her, die alle nichts nutzen, so dass der Pillenpeter immer wieder neues Zeug anschleppt, denn das Prusten und Niesen beim Putten ist eine elende Seuche und ich habe noch nie einen Heuschnupfenleidenden gesehen, der beim Niesen weniger als drei Putts benötigt – ganz zu schweigen von einem geraden Abschlag. Davon abgesehen ist es kein erhebender Anblick, wenn der lange feuchte Faden aus der Nase rinnt und genau auf den Ball fällt, was natürlich kein unbewegtes Hemmnis ist, sondern eine interessante Regelfrage.

Aber wie es sich so trifft, bringt der Pillenpeter dieses Mal nichts gegen die rennende Nase und das knirschende Auge mit, was für ihn eine sehr bedauerliche Tatsache ist, denn sonst kriegt er neben dem dicken Schorsch auch noch meine Wenigkeit als Patienten auf dieser Donnerstagnachmittagsrunde, was ihm sicherlich eine unversteuerte Einnahme einbringt, weil er dem dicken Schorsch und meiner Wenigkeit die entsprechenden Mittel gegen Slice und Händezittern und Diarrhö und Meniskus verschreiben kann ohne Attest und Rezept, wegen dem um wenige Jahre überschrittenen Verfallsdatum.

Der Pillenpeter sagt, das Entscheidende ist der Wirkstoff und dem macht das Verfallsdatum überhaupt nichts aus, was der dicke Schorsch aber ablehnt – er sagt, wozu drucken sie es denn dann überhaupt auf die Schachtel und überhaupt braucht er keine Hunderterpackung, weil der Durchfall schon übermorgen wieder vorbei ist und kein Mensch frisst hundert Tabletten in zwei Tagen und überhaupt geht es ihm schon wieder besser und wenn wir nicht gleich mit der Runde anfangen, wird es düstere Nacht in unserem Donnerstagnachmittagspiel – und dann sagt der dicke Schorsch auch noch, dass er den Pillenpeter und meine Wenigkeit auch mit Bauchschmerzen wegmacht mit mindestens zehn Schlägen Unterschied – er legt einen Fünfer auf sich selbst. Außerdem fragt er den Pillenpeter auch noch, warum sich in seinem Erstehilfeköfferchen denn nicht die Pillen befinden, die jeder Mann in einem gewissen Alter benötigt, wenn er sich einer Dame mit ernsthaften Absichten zu nähern gedenkt – aber er kriegt keine Antwort, weil

das nun wirklich nichts mit unserem Spiel zu tun hat.

Letzteres hätte der dicke Schorsch besser nicht gesagt, denn der Pillenpeter und meine Wenigkeit produzieren gegen jede Wahrscheinlichkeit mehrere ziemlich gerade Schläge, die zu einem Par führen, was ja immer eine gewisse Befriedigung auslöst, vor allem, wenn da einer leichtsinnigerweise einen Fünfer auf sich selbst setzt, was der erfahrene Spieler nie macht – schon allein wegen der Sparsamkeit und weil man nicht genau weiß, wie der andere gerade drauf ist, was bei diesem Spiel ja außerordentlich verschieden aufzufassen ist.

Wie wir dann vom Zwölften auf das Dreizehnte herübergehen, ist es denn auch geschehen, dass der Pillenpeter inzwischen mit acht Euro hinter liegt, was mich anbetrifft, und dem dicken Schorsch schuldet er auch schon drei, was mir eine außerordentlich fröhliche Stimmung verleiht, was jeder verstehen muss, der sich auskennt.

Der Pillenpeter fängt aber mit einem Mal an und sagt, er hat wegen der neuen Schuhe eine Blase an der Hacke und leide wegen des Föhns plötzlich unter grässlichem Kopfschmerz, worauf ich ihm sage, er soll doch die Zäpfchen schlucken, die er mir vor zehn Jahren gegen die Hämorrhoiden gibt, wenn auch zu stark verbilligtem Preis als Mittel gegen den Golfellenbogen, der nichts zu tun hat mit warmen südlichen Winden und mit zu engen Schuhen aus dem Ausverkauf. Daraufhin sagt der Pillenpeter nichts mehr und auch der dicke Schorsch hält den Mund. Aber ich und meine Wenigkeit lernen sehr viel in dieser Donnerstagnachmittagsrunde über die praktische Anwendung der Notfallmedizin.

**ULI KAISER**

# *Eine Bildungs-Reise*

Es ist anzunehmen, dass der Platz an diesem Donnerstagnachmittag völlig verwaist daliegt, weil nämlich der dicke Schorsch, der Pillenpeter und meine Wenigkeit beschließen, ein Flugzeug zu besteigen, um in ein fremdes Land zu verreisen, welches angeblich nur aus Löchern besteht und manchmal liegt ein hübsches Restaurant dazwischen, in welchem unglaublich schmackhafte Gerichte zubereitet werden nebst den dazugehörigen Erfrischungsgetränken. So erzählt man sich im Clubhaus und wenn einer nicht hinfährt, kann er auch nicht mitreden, was der dicke Schorsch, der Pillenpeter und meine Wenigkeit jetzt ändern. Der tiefere Grund für eine solche Reise liegt mit ziemlicher Sicherheit auch in der Tatsache, dass heutzutage selbst der ärmste Schlucker übers Wochenende nach Neuseeland fährt, um dort nachzusehen, ob sie denn die Spaghetti auch al dente können, oder um bei den Chinesen festzustellen, dass der Reis in Schanghai etwas körniger ist als der Reis in Peking, und die giftigen Fische in Japan nicht zu vergessen, bei denen jeder Bissen volles Risiko ist. Mitunter verreist einer auch nur, weil er zu Hause Krach hat oder eine kaputte Heizung – issjaegal.

Es ist ein bisschen enttäuschend, weil am Flughafen bei uns überhaupt kein Verabschiedungskomitee versammelt ist, und dass so ein Gepäckträgerkerl die Schläger vom dicken Schorsch, vom Pillenpeter und von meiner Wenigkeit ohne jede Liebe so einfach nimmt und auf einen Gepäckträgerwagen knallt, dass die Schäfte knacken und das Schlimmste zu befürchten ist, so dass der dicke Schorsch es sofort ablehnt und sich auf keinen Fall von seinen Schlägern trennt, vor allem nicht vom Putter und dem Dreier-Holz, weil er schwört, er geht nie ins Bett ohne dieselben, und nun soll er sein Allerliebstes einfach so einem groben Typen überlassen, der kein bisschen Liebe zum Handwerkszeug oder wenigstens Sympathie aufbringt, welche ein Schläger haben muss, wenn er funktionieren soll – vor allem im finstersten Ausland, wenn es auch nur Spanien ist, wo man angeblich in zwei oder drei Stunden da ist.

Aber dieses Fliegerpersonal ist irgendwie eigensinnig und behauptet, sich von einem Putter bedroht zu fühlen, was zur Flugzeugentführung führt oder noch Schlimmerem, und da nutzt es gar nichts, wenn ich in meiner Wenigkeit einen Schwur ablege, dass der Putter vom dicken Schorsch nie eine gefährliche Waffe ist, was ich mit ruhigem Gewissen beschwöre, denn jeden Donnerstagnachmittag auf unserem Platz braucht der dicke Schorsch mindestens achtmal einen Dreiputt, womit ja alles gesagt ist.

Das angeregte Gespräch zwischen dem dicken Schorsch und dem furchtsamen Personal endet erst, als ein außerordentlich seriös gekleideter Herr mit silbergrauen Schläfen in einer dunkelblauen Uniform erscheint und sich als Flugzeugkapitän mit Handicap zwölf herausstellt, der allergrößtes Verständnis für die Besorgnis vom dicken Schorsch empfindet und sich bereit erklärt, den Putter in seinem Maschinenraum an der Spitze des Fahr- bzw. Flugzeugs aufzubewahren bis zur Landung – Ehre und Schwur, dass dem Putter nichts passiert, was der dicke Schorsch mit einiger Befriedigung zur Kenntnis nimmt und sich einverstanden erklärt, nachdem der Dunkelblauuniformierte mit den silbergrauen Schläfen auch geschworen hat, den Putter in seinem Kabuff dort vorne nicht auszuprobieren, weil er sonst seine Zauberkraft verliert – das Gleiche gilt selbstverständlich auch für das Dreier-Holz, mit dem einer beim Rückschwung allerdings tatsächlich wegen der Enge des Raumes ein Flugzeug zum Absturz bringen kann.

> **Am ersten Tag haben wir noch geglaubt, das Geld ist für alle drei gedacht – mitnichten, es ist für einen von uns**

Was den Flug angeht, so bleibt zu bemerken, dass die Sitze außerordentlich bequem sind, sofern man am Oberschenkel amputiert wurde. Am Gang sitzt der dicke Schorsch, von dem die linke Hälfte seines gewaltigen Körpers in denselben hängt, während sein rechter Ellenbogen sich in meine linke Rippe bohrt – zum Ausgleich bohrt der Pillenpeter vom Fensterplatz seinen linken Ellenbogen in meine rechte Rippe, was allerdings noch nicht so schlimm ist, weil hinter meiner Wenigkeit ein außerordentlich missratenes Kind sächlichen Geschlechts mir einen Becher voller gelbklebrigem Apfelsinensaft über den Scheitel schüttet und dazu auch ▶

### EINE BILDUNGSREISE

noch nach Leibeskräften brüllt, da die dazugehörige Erziehungsberechtigte so tut, als ob sie das nichts angeht und ein dickes Buch aufschlägt, während der dicke Schorsch erklärt, ich soll mich nicht so haben, weil wenn einer eine Reise tut, ist er selbst dran schuld, was mich übrigens dazu veranlasst, dem dicken Schorsch und auch dem fest und bewusstlos entschlummerten Pillenpeter jeweils eine geöffnete Dose mit Kaffeemilch in die Jackentasche gleiten zu lassen, was mir übrigens irgendwie eine innere Befriedigung verschafft, wie ich sie sonst nur bei einem Birdie erlebe. Der Herrgott möge mir dieses Gefühl verzeihen.

Was die Ankunft in einem Land namens Spanien angeht, so bleibt zu bemerken, dass die Leute dort alle spanisch sprechen, was bei der Suche nach den Schlägersäcken hinderlich ist, wobei festzuhalten bleibt, dass der dicke Schorsch vergisst, seinen heißgeliebten Putter nebst Dreier-Holz aus dem Maschinenraum des Flugzeugs wieder abzuholen und als endlich der Kapitän kommt, hat der die Dinger auch vergessen und braucht eine dringende Bescheinigung, um wieder zurück ins Flugzeug zu dürfen, um dem dicken Schorsch seinen Putter nebst Dreier-Holz zu holen, was den Flugbetrieb über Südeuropa kurzfristig zum Erliegen bringt.

Weil die Plätze auch in Spanien nicht alle nebeneinander liegen, kaufen wir uns nach längerer Berechnung einen Leihwagen, wobei sich herausstellt, dass der dicke Schorsch seinen Führerschein zu Hause hat liegen lassen und der Pillenpeter gibt etwas beschämt zu, dass er seit dem letzten Sommerfest bei uns im Club seinen Führerschein einem netten Polizisten ausleiht, der ihm fest verspricht, dass er ihn – den Führerschein – in spätestens drei Monaten wiederkriegt. Was bedeutet, dass ich in meiner Wenigkeit das Fahrzeug lenken muss, was mir aber eine gewisse Autorität verleiht, die ich gerne zur Kenntnis nehme.

Was nun die Plätze in diesem Teil des Landes angeht, so ist von ihnen zu sagen, dass die Grashalme keineswegs vergoldet sind, obgleich man das bei den Preisen fürs Greenfee verlangen kann. Der Spanier an sich mag ja ein genügsamer, treuer und auch bescheidener Europäer sein, aber wenn er einen Platz mit achtzehn Löchern zur Verwaltung bekommt, dreht er völlig durch, der Spanier.

Am ersten Tag haben der dicke Schorsch, der Pillenpeter und meine Wenigkeit noch geglaubt, das Geld ist für alle drei gedacht – mitnichten, es ist für einen von uns, so dass wir für jedes Loch ungefähr fünfundzwanzig Euro bezahlen, was die Spielfreude stark herabmindert, vor allem, wenn man die ganze Woche hierbleiben und jeden Tag einen anderen Platz spielen will. Die fünfundzwanzig Euro sind übrigens ein Einheitspreis für alles, was es so gibt – einen Teller Spaghetti beispielsweise, eine Flasche Sprudel, drei Bälle. Der dicke Schorsch, der Pillenpeter und meine Wenigkeit in unserer Eigenschaft als Touristen sind davon überzeugt, dass der hier heimische spanische Landsmann einzig und allein die Zahl 25 in seinem Mathematikunterricht lernt.

Was die Bälle angeht, so ist der Spanier sehr gut organisiert, weil einer den Ball, den er am dritten Loch im Wasser oder im hüfthohen Gestrüpp oder in einer unzugänglichen Schlucht verliert, schon am siebten Loch wieder von einem fleißigen Sammler zum Kauf angeboten bekommt. Der Pillenpeter, dessen Sparsamkeit einen weltweiten Ruf besitzt, hat den glasklaren Beweis geführt, dass auf diese Weise niemals ein Ball verloren geht – und das Geld, das man am siebten Loch für den am dritten Loch verlorenen Ball bezahlt, ist so eine Art Gebühr wie die für einen Caddie, den es aber nicht gibt, weil der Spanier ein stolzer Mensch ist, der für niedere Dienste unbrauchbar ist, höchstens beim Stierkampf.

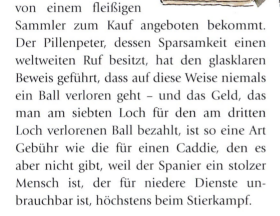

Es ist nicht falsch, wenn man sagt, dass die Reise zu den tollen spanischen Plätzen vom dicken Schorsch, vom Pillenpeter und von meiner Wenigkeit kein so besonders voller Erfolg ist. Um es genauer zu formulieren – es ist eine echte Bildungsreise, denn wir schaffen in einer Woche rund achtzig Plätze – nicht zum spielen, sondern zum anschauen, denn nach der Kontrolle der Greenfee-Preise beschließen wir ohne Gegenstimme, zu einem anderen Platz zu fahren. Auf diese Weise lernen wir nicht den ganzen Platz kennen, sondern nur das Clubhaus und das Sekretariat, wo man die Preise erfahren und erstklassige Prospekte, Scorekarten und Immobilienangebote mitnehmen kann, was einen starken Eindruck hinterlässt. Jeder muss zugeben, dass wir auf diese Weise einen erstklassigen Bildungsstand erreichen, denn die Hauptsache ist, dass man zu Hause erzählen kann, wie der Wind am vierten Loch von Weißderkuckuckwo weht.

Über den Heimflug ist nicht viel zu sagen, außer dass der dicke Schorsch dieses Mal ohne Protestaktionen seinen Putter und auch sein Dreier-Holz einem stockfremden Menschen anvertraut, was aber auch daran liegen kann, dass er mit der spanischen Sprache seine Schwierigkeiten hat. Wir fahren nach der Landung auf dem schnellsten Weg ins Clubhaus, um einige kleine Erfrischungsgetränke zu einem einigermaßen vernünftigen Preis zu uns zu nehmen. Am späten Nachmittag sind viele Leute da versammelt und jeder, der uns fragt, wo wir gewesen sind, erhält zur Antwort, wir haben in Spanien gespielt.

**ULI KAISER**

# *Der dicke Schorsch ist ein Duselmann*

Es ist ungefähr halb zwei an diesem Donnerstagnachmittag und ich stehe am ersten Abschlag und warte auf den dicken Schorsch und den Pillenpeter, die natürlich wieder zu spät kommen – kann aber auch sein, dass ich ein bisschen früh da bin, auf jeden Fall stehe ich da und warte, bis der dicke Schorsch vom Parkplatz herüberkommt und ungefragt antwortet, dass es ein schrecklicher Verkehr ist und ein Stau und da kann man nichts machen. Aber entscheidend ist, dass der dicke Schorsch auf dem Weg vom Parkplatz zum ersten Abschlag schon zwei recht gut erhaltene Bälle findet. Es ist nämlich so, dass der dicke Schorsch der größte Duselmann ist, den sich einer vorstellen kann. Dabei ist gegen das Bällefinden gar nichts zu sagen, aber er hat ja noch viel mehr Dusel auf der Runde, was einem ehrlichen Spieler ganz schön auf den Keks gehen kann.

Ich schwöre, es gibt keinen Spieler auf der ganzen Welt, der so viel Dusel hat wie der dicke Schorsch und der Pillenpeter ist mein Zeuge, wie der dicke Schorsch einmal am kurzen vierten Loch den Ball toppt, dass er keine zehn Zentimeter hoch davonzischt – dann prallt er gegen den roten Markierer bei den Damen, steigt von hier hoch in die Luft, knallt gegen den Ballwascher, dann gegen die Bank, die am Fünften steht, rummst gegen einen einsamen Baum und läuft schließlich bis drei Zentimeter vor das Loch, worauf der dicke Schorsch in tiefe Verzweiflung verfällt, weil er kein Hole-in-One hat, sondern nur mit dem Birdie von diesem

Grün geht, was er für ein gnadenloses Pech hält. So kann der dicke Schorsch einem an die Nerven gehen und der Pillenpeter, der jetzt auch vom Parkplatz herüberkommt, ist mein Zeuge, so wahr mir Gott helfe.

Vor allen Dingen geht dieses Glücksspiel, welches im wilden Westen unter freiem Himmel mit dem Tode bestraft wird, einem auf den Geist, der genauso viel Pech hat wie zum Beispiel meine Wenigkeit, wobei zu sagen ist, dass mein Ball immer in das einzige Divotloch rollt, das auf dem ganzen Platz zu finden ist, und dann soll ich den Ball aus dieser Höhle mit dem langen Eisen herauspopeln über hundertvierzig Meter an die Fahne – möchte ich sehen, wer das kann. Natürlich beim dicken Schorsch kommt wahrscheinlich ein Raubvogel vorbei, der den Ball aufnimmt und dort hinten auf das Grün fallen lässt.

Ungelogen – mein Ball rollt an diesem Donnerstagnachmittag an sieben Löchern zweimal rund um die Lochkante und rollt dann auf Grund einer geheimnisvollen Zentrifugalkraft auch noch einen Meter weiter, so dass ich viermal noch zwei weitere Putts brauche. Nun kann einer natürlich sagen, dass ich mit unverbrauchten Kräften putte, was ein bisschen zu viel sein kann – aber der Putt vom dicken Schorsch wäre bis in eine nachbarliche Provinz gerollt – so hart war der – aber der Ball springt von der Lochkante einen halben Meter hoch und plumpst dann fett ins Loch – so viel Dusel hat der dicke Schorsch, der dann auch noch behauptet, es ist seine überlegene Spielkunst.

An diesem Donnerstagnachmittag haut der dicke Schorsch beispielsweise am Sechzehnten, wo das Wasser vor dem Grün ist – also da haut er am Sechzehnten einen Ball, der flitzt über das Wasser und springt vier-fünfmal auf, knallt gegen das Ufer hoch in die Luft wie bei einem Pitch und läuft dann ganz ruhig auf das Loch zu – nein, reingegangen ist er nicht, der Ball, aber mit derartigen Kunststücken kann der dicke Schorsch einem laufend an die Nerven gehen, weil für ihn ist das ganz normal. Der dicke Schorsch ist ein Duselmann erster Klasse, was für den Mitspieler – in diesem Fall für den Pillenpeter und für meine Wenigkeit – überhaupt gar nicht lustig ist. Und es braucht einer eine unglaubliche Beherrschung und seelische Stärke, um das zu überstehen. Das ist der Grund, warum der dicke Schorsch so selten die Getränke bezahlen muss nach der Runde, denn er ist mit irgendwelchen bösen Geistern im Bunde, und normalerweise soll man mit solchen Leuten nicht spielen, weil da doch irgendeine kleine Unehrlichkeit dabei ist. Wenn ein Gehörnter mit Schwefelgestank und Pferdefuß kommt und meiner Wenigkeit sagt, er hat die Seele vom dicken Schorsch gekauft, dann glaube ich das sofort. ▶

**Der Ball prallt gegen das Fahnentuch und dann fällt er steil herunter und liegt dreißig Zentimeter neben dem Loch**

## DER DICKE SCHORSCH IST EIN DUSELMANN

Die Seele von meiner Wenigkeit hat noch nie einer kaufen wollen, was mir natürlich ein reines Herz beschert, aber dafür bleibt bei mir dreimal der Ball so vor dem Loch hängen, dass es gegen jegliches Gesetz der Schwerkraft verstößt und es muss schon mehr als ein Fliegenschiss sein, der den Ball über dem Loch hängend festhält, so als ob die nicht vorhandene Materie eines Loches sich gegen die sehr wohl vorhandene Materie eines Balles stemmt und auch noch gewinnt, was keiner begreift – nur der dicke Schorsch sieht dieses gewaltige Pech nicht ein und sagt, dann musst du eben ein bisschen härter putten, weil kein Putt, der zu kurz ist, jemals ins Loch gefallen ist – hahaha, ja der dicke Schorsch macht mit dem betrüblichen Pech seiner Mitmenschen auch noch Witze von einer Art, wie wir sie uns in gebildeten Kreisen schon seit Jahrzehnten nicht mehr zu erzählen getrauen.

Habe ich schon von dem Slice erzählt vom dicken Schorsch? Dieser Slice geht normalerweise so plötzlich nach rechts weg, als würde er gegen eine gläserne Wand prallen, und mit so einem Ball kann man normalerweise kein Glas Bier gewinnen. Aber der dicke Schorsch steht hinter den drei dichten Tannen am Zwölften, schlägt links dran vorbei und dann dreht sich der Ball in einer ekelerregenden Kurve nach rechts bis aufs Grün, wo der Ball dieses Mal allerdings am Loch vorbei rollt und sechs Meter dahinter liegen bleibt, so dass der dicke Schorsch drei Putts braucht, denn Putten kann er normalerweise nicht, weil man beim Putten kein Glück braucht, sondern Gefühl, was zwei verschiedene Dinge sind.

Sehr selten passiert es, dass der Ball vom dicken Schorsch irgendwo im hohen Gras verschwindet, so dass ich gewillt bin, an eine höhere Gerechtigkeit zu glauben, aber dann ist es wieder nichts, denn der Ball vom dicken Schorsch liegt mit Sicherheit auf der einzigen freien Fläche im Dschungel, auf der die Karnickel das Gras kurz abgefressen haben, und er liegt da wie auf dem Tee und der dicke Schorsch grinst auf diese widerliche Art und Weise und zieht sein Fünferhölzchen aus dem Bag und haut das Ding aufs Grün, während unsereiner bei solcher Gelegenheit erst einmal den Ball suchen muss und dann natürlich droppen wegen Unspielbarkeit, wobei man auch noch sagen muss, dass der dicke Schorsch alle Regeln kennt, die unsereinen ärgern können, was ja irgendwie nicht gerade für einen edlen Charakter spricht.

Wenn der Ball von meiner Wenigkeit genau zwanzig Zentimeter zu lang ist und ins Wasser rollt, ist der Ball vom dicken Schorsch selbstverständlich genau diese zwanzig Zentimeter zu kurz, weil da ein Köttel von den wilden Karnickeln liegt, die hier ihr fruchtbares Wesen betreiben und dabei einigen Abfall hinterlassen. Ich spiele ein wunderbares Fünferholz majestätisch aufs Grün – aber der Ball kriegt das Rollen und rollt und rollt bis er genau einen halben Meter im Aus liegt hinter dem Grün und der dicke Schorsch grinst und sagt, jetzt musst du wieder zurück und einen anderen Ball schlagen von dort hinten. Sein Ball war getoppt und schoss in den Bunker hinein, aus dem Bunker heraus und trudelte sich dann langsam einen halben Meter vor dem Loch aus, tot an der Fahne, sagt der Pillenpeter,

der bei solchen Kunststücken längst das längere Schweigen eingeführt hat, weil's ja eben doch keinen Sinn hat, mit solchen Leuten wie dem dicken Schorsch über das Glück zu diskutieren.

An diesem Donnerstagnachmittag liefert der dicke Schorsch sein Meisterstück am Elften, wo er den Ball mit dem zweiten Schlag wie eine Rakete in ein fernes Nachbarland schlägt – bei jedem anderen Menschen fliegt der Ball bis in den hübschen Fluss, in dem sich die Forellen amüsieren, und meine Wenigkeit und der Pillenpeter atmen auf, weil der dicke Schorsch dieses Loch gar nicht mehr gewinnen kann nach solch einem Desaster – ist aber gar kein Desaster, denn der Ball prallt gegen das Fahnentuch mit der Elf drauf, zappelt darin wie es die Forellen tun, wenn man sie gekriegt hat, und dann fällt der Ball steil herunter, pardauz und liegt dreißig Zentimeter neben dem Loch, wobei man noch erklären muss, dass der dicke Schorsch wiederum in großes Wehklagen ausbricht, weil der Ball auf Grund seiner majestätischen Annäherung nicht direkt ins Loch gefallen ist. So ein Duselmann ist der dicke Schorsch und wenn er dem Gehörnten mit dem Pferdefuß tatsächlich seine Seele verkauft hat, so muss man ihm auch noch erklären, wie undankbar er ist. Der Pillenpeter und meine Wenigkeit, die diese Spielart seit langer Zeit kennen, sind beide übereinstimmend der Meinung, dass man mit solchen Leuten normalerweise nicht spielt – in diesem Falle gibt es nur die Ausnahme, weil der Pillenpeter und meine Wenigkeit uns praktisch dafür opfern, dass der dicke Schorsch nicht sonst irgendwo Unheil anrichtet mit seinem Dusel.

**ULI KAISER**

# *Motorisierte Erleichterung*

**D**as Einzige, was der dicke Schorsch richtig gut beherrscht, ist die Entdeckung von sogenannten Erleichterungen, die es in diesem Spiel gibt – zum Beispiel weiß er ganz genau, wo einer straffrei droppen kann und einen von diesen langen Puttern führt er lediglich deshalb mit sich, damit er beim Droppen einen halben Meter mehr besser legen kann. Außerdem hat sich der dicke Schorsch mit jedem Gerät ausgerüstet, das für die Messung von Entfernungen in Frage kommt, was bei ihm aber wenig Sinn macht, weil ein Ball über beispielsweise achtzig Meter bei ihm entweder fünfzig Meter lang ist oder vielleicht auch hundert, aber niemals achtzig. Ganz davon abgesehen sagt der dicke Schorsch, dass solche Geräte natürlich verboten sind, aber er meint, bei so einem Spiel wie bei uns am Donnerstagnachmittag kommt es nicht darauf an, denn wir machen ja nur so eine Art von Training, was ziemlich blöd ist, denn wir spielen ja sowieso immer nur am Donnerstagnachmittag. Seit ungefähr dreißig Jahren ist das so, es sei denn, es gibt im Winter Schnee und Eis.

Ich weiß auch nicht, wie ich jetzt so ausführlich auf den dicken Schorsch zu sprechen komme, aber an diesem Donnerstagnachmittag warte ich wieder einmal auf den dicken Schorsch und den Pillenpeter, die mich warten lassen am Abschlag, so dass vor uns schon mal eine ganze Blase der Damen abschlägt, die wir nachher vor uns haben und dann beginnt wieder der Streit, weil sie mit Sicherheit nicht durchspielen lassen, und ich in meiner Wenigkeit getraue mich auch nicht zu sagen, dass sie sich ein bisschen beeilen sollen, während der Pillenpeter in seiner etwas härteren Tonart erklärt, sie sollen sich zum Teufel scheren, was ihm später einen Verweis vom Captain einbringt.

Indessen kommt der Pillenpeter vom Clubhaus herübergelatscht und beeilt sich kein bisschen, was mich in meiner Wenigkeit wiederum auf die Palme bringt, denn wenn ich schon eine Viertelstunde warten muss und mit knirschenden Zähnen zuschaue wie eine Gruppe nach der anderen mit den Damen vor uns abschlägt, dann könnte sich der Pillenpeter wenigstens entschuldigen, aber er redet nur davon, dass er sich auf das Personal in seiner Apotheke nicht verlassen kann und er muss alles selber machen und außerdem gibt es noch einen Stau und er – der Pillenpeter – hat fast einen furchtbaren Autounfall gehabt, der ihn ins Krankenhaus gebracht hätte, aber den Unfall gibt es dann doch nicht und jetzt schimpft der Pillenpeter auch noch, dass der dicke Schorsch nicht da ist – eine Riesen-Sauerei ist das und wir sollten ohne den dicken Schorsch spielen.

> **Am elften Loch macht es nicht blubbblubb, sondern pffft und der dicke Schorsch hat einen Platten ohne Elektronik**

Wie wir da stehen und uns mopsen wegen dem verspäteten dicken Schorsch, der einem den ganzen Donnerstagnachmittag versauen kann, kommt da ein Typ vom Clubhaus herüber, wie wir noch keinen gesehen haben bei uns im Club und woanders auch nicht – der Typ kommt mit einem Dreirad, das so aussieht wie eine Mischung zwischen Motorroller, Rasenmäher und Jeep und auf dem Rücksitz befindet sich ein Bag und vorne drauf sitzt der dicke Schorsch und er trägt einen interessanten Sturzhelm, so dass ihn kein Mensch erkennt. Der dicke Schorsch sagt hallo und er hat es am Meniskus und wird ab sofort die letzten tausend Runden seines Lebens mit diesem Lastkraftwagen bestreiten, worauf der Pillenpeter und meine Wenigkeit zuerst einmal gar nichts sagen, weil es uns die Sprache verschlägt. Dann sagt der Pillenpeter sehr gefasst, er wird sich in hundert Jahren nicht so weit erniedrigen und ob der dicke Schorsch denn überhaupt kein Schamgefühl hat – aber der dicke Schorsch kümmert sich einen Dreck ums Schamgefühl und wiederholt die Sache mit dem Meniskus und fügt noch hinzu, dass die Aduktoren nicht stimmen, wobei ich in meiner Wenigkeit ganz genau weiß, er hat die Sache mit den Aduktoren gestern in der Zeitung gelesen, weil wieder irgend so ein Fußballspieler darunter leidet, obgleich er gar nicht genau weiß, wo sich diese Aduktoren befinden in seinem Körper.

Außerdem ist dieses Auto vom dicken Schorsch von einem Grün wie man es zuletzt bei den Exkrementen eines Molkereihundes erlebt, der mit Spinat gefüttert wird – es ist ein Grün, das tief in der Seele schmerzt und einen Donnerstagnachmittag so zertrümmert wie das Geräusch einer Kreissäge, was aber dem dicken Schorsch überhaupt nichts ausmacht, weil er wahrscheinlich farbenblind ist. Er schlägt so ab wie immer, nämlich ziemlich weit nach links, so dass der Ball sich dann nach rechts abdreht, wie es sich für einen ordentlichen Slice gehört. ▶

## MOTORISIERTE ERLEICHERUNG

Der Ball landet denn auch rechts im hohen Gras, wobei sich schon ein Konstruktionsfehler an dem Gefährt vom dicken Schorsch herausstellt, denn im tiefen Gras nutzt ihm das Mobil gar nichts, so dass er trotz Meniskus und Aduktoren dort zu Fuß laufen muss, was übrigens in meiner Wenigkeit eine tiefe Zufriedenheit auslöst.

Während der dicke Schorsch sonst immer von seiner souveränen Spielweise und seinen majestätischen Schlägen berichtet, spricht er dieses Mal von der Kraftübertragung und dem Differential, der Kupplung und der Gangschaltung, sowie einer Elektronik, wie man sie zuletzt in der Weltraumforschung erlebt – der dicke Schorsch erklärt, dass sein Dreirad praktisch die gleichen Daten aufweist wie jenes Ding, das die Amerikaner auf den Mond oder auf den Mars geschickt haben, worauf der Pillenpeter sagt, dass bei uns auf dem Platz mit Sicherheit Leben herrscht, was man auf dem anderen Stern erst noch beweisen muss – oder hat vielleicht schon einer herausgefunden, dass es auf dem fremden Planeten Frösche gibt, die bei uns beispielsweise am dritten Loch ein Riesenspektakel machen, so dass sich keiner richtig konzentrieren kann.

Es dauert bis zum sechsten Loch – dann macht das Auto vom dicken Schorsch auf einmal blubbblubb und bleibt ganz einfach stehen. Der dicke Schorsch sagt, das kann natürlich in der modernsten Elektronik passieren und packt sofort einen handlichen Werkzeugkasten aus, in dem sich allerlei Schraubschlüssel und Schraubenzieher befinden – von jener Art wie man sie im Markt für Homeworker findet, die das allerhöchste Entzücken der Käufer auslösen. Unterdessen hat der dicke Schorsch sein Mondauto aufgebockt und eine Klappe geöffnet, durch die man einen schönen Blick auf die Batterie und eine Menge farbige Kabel hat. Während der dicke Schorsch seiner Bastelarbeit nachgeht, werden wir von drei oder vier Gruppen überholt – alle Mitspieler gehen uns da mit sehr hilfreichen Hinweisen zur Hand, bevor sie weiterspielen. Übrigens ist das sechste Loch am weitesten vom Clubhaus entfernt, aber der dicke Schorsch schweigt mit seinem Handwerkszeug, während der Pillenpeter und meine Wenigkeit daran denken, den Elektrokarren vom dicken Schorsch die fehlenden Kilometer zu schieben.

In diesem Moment macht es erneut blubbblubb und die Maschine springt tatsächlich wieder an, worauf der dicke Schorsch sich aufbläht wie der Chefingenieur von dieser Firma, die immer die Autorennen gewinnt – er sagt, entweder man hat's oder man hat's nicht, und er redet von seinem Talent für Elektrotechnik bis es am elften Loch nicht blubbblubb macht, sondern pffft und der dicke Schorsch hat einen Platten ohne Elektronik und kein Flickzeug, denn damit kann nicht wirklich einer rechnen, dass einem der Reifen platzt wie bei der Formel eins – allerdings ist es beim dicken Schorsch nicht das Tempo, sondern wohl ein Nagel, der da herumliegt und sich beim dicken Schorsch hereinbohrt – das heißt, nicht bei ihm, sondern in den vorderen Reifen von seiner Karre.

Die gute Nachricht ist, dass bei uns am elften Loch eine Bank steht, auf der man sich

ausführlich Gedanken machen und über einen kaputten Reifen auseinander setzen kann – die schlechte Nachricht besagt, dass man so einen motorisierten Karren schieben kann, wenn er einen Platten hat, was aber ziemlich beschwerlich ist. Der Pillenpeter und meine Wenigkeit trösten den dicken Schorsch deswegen auch voller Herzlichkeit und versprechen ihm gutes Zureden für sein Schieben, was ja ein Mittel für die körperliche Ertüchtigung ist – der Pillenpeter erkundigt sich voller Mitgefühl auch noch nach dem Meniskus und den Aduktoren, was ja nun wirklich ein mitfühlendes Herz verrät. Auch das Mitgefühl der anderen Mitspieler, die uns an jedem Loch überholen, ist dem dicken Schorsch gewiss – so ist es gut, Freunde in der Not zu haben, die einen mit Ratschlägen versorgen, wenn man einen Platten auf dem Fairway hat.

**W**ir haben für die Runde an diesem Donnerstagnachmittag sechseinhalb Stunden gebraucht – das heißt, eigentlich läuft es beim Pillenpeter und bei meiner Wenigkeit so wie immer, nur der dicke Schorsch hat uns mit seinem Schieben ein wenig aufgehalten. Nach der Runde wirkt er ein wenig erschöpft. Der Pillenpeter und meine Wenigkeit sind gespannt, ob der dicke Schorsch am nächsten Donnerstagnachmittag wieder seinen Meniskus und die Aduktoren schont und diesen Elektroroller zur motorisierten Erleichterung mitbringt.

**ULI KAISER**

# *Eine exquisite Lehrstunde*

Dieses ist ein Donnerstagnachmittag wie wir ihn schon tausendmal erlebt haben – also nichts besonderes los im Club und der dicke Schorsch kommt wieder einmal zu spät, so dass der Pillenpeter und meine Wenigkeit am Abschlag blöd herumstehen und drei Gruppen vorausspielen lassen, was die Stimmung nicht gerade erhöht. Als er endlich kommt, fängt der dicke Schorsch auch noch mit einer Geschichte an, die den Pillenpeter und meine Wenigkeit überhaupt nicht interessiert – der dicke Schorsch sagt, nächste Woche Montag kommt eine Berühmtheit in den Club und zwar für eine Lehrstunde der exquisiten Art, garantiert fünf Schläge danach besser die Runde, sagt der dicke Schorsch und macht den völlig bedödelten Vorschlag, wir legen zusammen und mieten uns die Berühmheit, was sich auch rein rabattmäßig niederschlägt und die Lehrstunde billiger macht. Der Pillenpeter sagt sehr richtig, dass er keine Lust hat für sowas – und schon gar nicht, weil der dicke Schorsch nur jemand sucht, mit dem sich eine Preisermäßigung erzielen lässt, was auch von meiner Wenigkeit gesagt wird. Aber dann kommt der dicke Schorsch mit der Mitteilung, dass es sich bei der Berühmtheit um eine richtige weibliche Dame handelt, die ihre Unterrichtsstunden nur einem außerordentlich ausgewählten Schülerkreis zuteil werden lässt, worauf der Pillenpeter und meine Wenigkeit erst recht strikt dagegen sind – der Pillenpeter sagt, er kommt nächste Woche Montag auch nicht aus seiner Apotheke weg, und ich lüge wegen einem Termin beim Zahnarzt, aber vor allem lassen wir uns von weiblichen Damen schon gleich gar nichts beibringen. Das bedeutet, dass der dicke Schorsch, der Pillenpeter und meine Wenigkeit nächste Woche Montag alle drei zufällig im Club auftauchen, um zu lernen, wie einer wenigstens fünf Schläge pro Runde weniger spielt – und sei es gar von einer professionellen Dame, die sich Proette nennt oder so ähnlich. Der

Pillenpeter, der sich in den feineren Kreisen wegen seiner Apotheke auskennt, sagt, dass man unter einer professionellen Dame etwas ganz anderes versteht, was den dicken Schorsch und meine Wenigkeit aber kaum interessiert.

Persönlich habe ich überhaupt nichts gegen den dicken Schorsch, aber für den Unterricht bei der weiblichen Dame als Pro hat er sich extra ein Paar Shorts gekauft, und zwar von jener Art, die eine Handbreit schlabberig übers Knie reichen und besonders bescheuert wirken, wenn einer bleiche Beine hat. Die Waden vom dicken Schorsch haben die Farbe eines frischen Camemberts. Die halblange Hose ist mit unglaublich vielen Taschen versehen, wie sie im Kino immer die Forscher im Urwald tragen, allerdings in einem frischen Resedagrün, was irgendwie wie eine Tarnfarbe wirkt. Diese Halblangen in Resedagrün geben einen schönen Kontrast zu einem Hemd in Lila, welches seine besondere Note durch die aufsehenerregende Aufschrift auf der linken Seite der Brust erhält – dort steht „GOLF", damit jeder auch gleich merkt, um was es hier geht.

Der Pillenpeter hat sich zur Feier dieses denkwürdigen Tages völlig in Weiß gekleidet und wirkt dadurch mehr wie ein Heilgehilfe im mittleren Dienst oder der Masseur von der Nationalmannschaft, wobei ich den Verdacht nicht loswerde, dass er über seine Apotheke tatsächlich preiswerter an die Krankenschwesterkleidung kommt – vor allem die Schuhe hätte er genauso gut in einem Operationssaal tragen können. Nur die pinkfarbenen Socken bilden da einen munteren Kontrast und beweisen vor allem, dass der Pillenpeter über frische Socken verfügt, was mitunter bezweifelt wird. Das Gleiche gilt natürlich von meiner Wenigkeit – ich habe trotz der sommerlichen Temperatur meinen teuersten Kaschmirpullover aus dem Schrank angelegt, allerdings unterstreiche ich den gediegenen Dress voll schlichter Eleganz noch durch ein Rasierwasser, welches die Damen in der Fernsehwerbung regelmäßig in Ohnmacht fallen lässt oder zu den seltsamsten Reaktionen hinreißt.

**Beim Probeschlag des dicken Schorsch lehnt sie es ab, einen Blick auf den Schwung zu werfen**

Was die weibliche Dame anbetrifft, die uns durch ihre Übungen mindestens fünf Schläge abnehmen will, so handelt es sich um ein sehniges Exemplar aus reinem Wildleder und einer Figur wie ein strenges Fünfer-Eisen – wenn einer weiß, was ich meine. Sie macht einen witterungsbeständigen Eindruck und ist mindestens Einsfünfundachtzig – so ganz nebenbei erklärt sie, wie es damals ist, als sie bei den Open einen Platz unter den besten Zehn erringt, und dann hat sie einen eisigen Blick wie ein ganzer Gletscher, dazu einen Händedruck, der einen starken Griff verrät. Der dicke Schorsch kriegt wegen ihr einen Blick ins Gesicht, den man bei ihm sonst nur beim gierigen Anblick eines warmen Buffets kennt, was man vom Pillenpeter ▶

## EINE EXQUISITE LEHRSTUNDE

und meiner Wenigkeit nicht sagen kann, weil wir das Schlimmste befürchten.

Zuerst sagt sie mit einer schönen Stimme aus grobem Sandpapier, dass sie uns den theoretischen Teil erklärt, und – damit wir das schneller begreifen – kommt sie auf die Speer-Technik, die sich ganz besonders toll für den menschlichen Körper eignet. Sie sagt, du musst dir einen Speer vorstellen, der über die Schädeldecke eingeführt wird und über Lunge, Leber, Milz und Dickdarm parallel zur Wirbelsäule wieder austritt – diesen Speer muss einer fest in den Boden rammen. Auf diese Weise erhält der Mensch eine Achse durch den Körper, um die sich die Hüften und die Schultern drehen. Sie fragt, ob das klar ist und das sei ja nur theoretisch, was meine Wenigkeit außerordentlich beruhigt, während dem dicken Schorsch wegen der Vorstellung, als ein Schaschlikspieß benutzt zu werden, plötzlich schlecht wird – er rennt schnell einmal ins Clubhaus aufs Klo, wo seine Begeisterung für unsere professionelle Lehrerin eine starke Abkühlung erfährt.

So sehr fühle ich mich auch nicht wohl bei der Vorstellung, eine angespitzte Stange durch die Innereien geführt zu bekommen, obgleich man für einen guten und harmonischen Schwung schon einige Opfer bringen muss. Aber mir wird es nicht so schlecht wie dem dicken Schorsch, der eine Viertelstunde benötigt, um sich zu erholen – bei mir meldet sich nur ein leichtes Ziehen in der Gallenblase, was ja aber auch irgendwie verständlich ist.

Nach der Einführung in die Theorie mit dem imaginären Speer befiehlt sie für jeden einen Eimer Bälle und zwar ein bisschen schneller als sonst, weil sie ja nicht ewig Zeit hat – sie sagt, sie will einmal sehen, wo die dicksten Fehler liegen – sie fängt auch gleich bei meiner Wenigkeit an und fragt, wo ich denn um Himmels willen diesen Schwung gelernt habe und ob ich überhaupt schon einmal bei einem Pro gewesen bin, denn sowas habe sie noch nie gesehen – mir fällt als Erklärung nur ein, dass ich einen schrecklichen Schmerz im Oberschenkel verspüre, der sich von der Schulter bis an die Waden hinzieht und mich geradezu zur Bewegungslosigkeit verurteilt, was die Dame allerdings zu keinem Mitleid veranlasst – sie sagt mit der erwähnten Eisigkeit, dass ich wiederkommen soll, wenn ich gesund bin, sie will mit Verletzten keine Zeit verplempern und sie sei kein Arzt. Wenn ich mich nicht verhört habe, murmelt sie im Weggehen noch vor sich hin, dass ich mit dem Duft meines Rasierwassers sowieso bleiben kann wo der Pfeffer wächst.

Beim Probeschlag des dicken Schorsch lehnt sie es ab, einen Blick auf den Schwung zu werfen, obgleich er zum ersten Mal in diesem Jahr keinen Slice fabriziert – sie wirft ein Auge voller Verachtung auf die in der Tat seit Jahrzehnten beachtliche Wampe des dicken Schorsch und sagt, er soll sich einer strengen Diät unterziehen, weil man mit einem solchen Bauch nicht schwingen kann – der dicke Schorsch protestiert, weil es berühmte Spieler gibt, die einen ähnlich stabilen Körperbau besitzen, was bei ihm an den kräftigen Knochen liegt, die er von seiner Großmutter mütterlicherseits geerbt hat. Aber sie ist an den kräftigen Knochen vom

dicken Schorsch nicht sonderlich interessiert, sondern nimmt sich den Pillenpeter vor, von dem sie sagt, er hätte als Kind einen anderen Pro gebraucht, aber heute hat das alles keinen Sinn mehr, selbst bei einem erkennbaren Talent, von dem der dicke Schorsch und meine Wenigkeit übrigens noch nie etwas gemerkt haben, denn bei unseren Runden am Donnerstagnachmittag ist beim Pillenpeter ein besonderes Talent noch nie zu erkennen gewesen.

Was die professionelle Dame anbetrifft, so gewinnt sie beim dicken Schorsch, beim Pillenpeter und bei meiner Wenigkeit auch keine besonderen Sympathien, als sie die Grundsätze eines Schwungs mit dem Gehen vergleicht, denn beim Gehen denkt auch keiner ans Gehen, sondern macht das eher automatisch – und genauso soll es mit dem Schwung sein. Ich gestatte mir in meiner Wenigkeit den Hinweis, dass einer, der beim Gehen ans Gehen denkt, nicht mehr ordentlich gehen kann – und genauso ist es mit dem Schwung, weil man nicht zuviel nachdenken darf und die Hauptsache sind große Hände und große Füße, was ich besser nicht gesagt hätte, denn die weibliche Dame hat mindestens Schuhgröße achtundvierzig und damit einen sehr sicheren Stand. Sie guckt mich an wie der gesamte Eisberg mit der Titanic drauf – sie sagt nichts, aber in ihren Augen steht geschrieben, dass ich samt meiner Wenigkeit ein elender Klugscheißer bin, bei dem es sich nicht lohnt, überhaupt irgendeine Antwort zu geben. Sie sagt, sie kriegt einen Hunni für die Stunde zu dritt und wir sollten fleißig üben.

**ULI KAISER**

# Die Tricks des dicken Schorsch

**W**as die Meinung über den dicken Schorsch angeht, so braucht man sie nicht unbedingt zu teilen, aber irgendwie bekommt sein Gesicht ein ganz besonderes Leuchten, wenn er einen Mitspieler findet, den er zu einer Runde überreden kann und zwar so, dass ein paar Euro mitlaufen. Nicht viel – sagen wir zwei Euro das Loch mit ein bisschen Pressen am Neunten und einer eventuellen Entscheidung am Achtzehnten – je nachdem wie's gerade läuft. Natürlich kann der dicke Schorsch mit dem Pillenpeter und meiner Wenigkeit am üblichen Donnerstagnachmittag nicht rechnen, weil wir jeden seiner Tricks kennen, und ein Mensch, der den dicken Schorsch kennt, kommt nie auf die Idee, mit ihm zu zocken, denn der dicke Schorsch verstößt dabei gegen die guten Sitten und hat nicht den geringsten Anspruch an die Moral, oder eventuelle Skrupel und ähnliche Überflüssigkeiten des täglichen Lebens. Man kann davon ausgehen, dass der dicke Schorsch einen erheblichen Teil seines Lebensunterhalts auf diese Weise finanziert.

**D**er dicke Schorsch sucht sich sein Opfer sehr sorgfältig aus und besucht zu diesem Zweck zuerst die Übungswiese, die als ein Ort der schönsten Hoffnungen zu gelten hat, weil alle Bälle auf einmal schnurgerade den Horizont erreichen, was zu einem gewaltigen Optimismus führt. Der dicke Schorsch hat eine besonders freundliche Art, seiner Bewunderung Ausdruck zu verleihen und sagt zu dem Opfer, dass er einen solch harmonischen Schwung niemals erreicht und noch nie gesehen hat, und da kann man wieder einmal sehen, wie ungerecht die Talente verteilt sind. In dem Moment, in dem der

Übende auf der Übungswiese sich für das Lob herzlich bedankt und dem dicken Schorsch ein stolzes Lächeln schenkt, ist er schon verloren.

Hinzu kommt, dass der dicke Schorsch bei solchen Jagdzügen eine funkelnagelneue Tasche mit sich trägt, in der sich nur ein halber Schlägersatz für Anfänger befindet, denn er mimt ja den blutigsten Lehrling, den sich einer vorstellen kann – so um das Handicap fuffzig, was es ja jetzt auch gibt, wobei man sich gleich fragt, warum sie bei der neuen Festlegung der Regeln nicht gleich Handicap hundert oder wenigstens zwoundsiebzig gemacht haben, was aber ein anderes Thema ist.

Außerdem legt der dicke Schorsch den allergrößten Wert auf die neu aussehenden Schuhe, die frisch gebügelten Hosen, das duftend gereinigte Hemdchen, den jungfräulichen Handschuh – er sorgt mit größter Sorgfalt dafür, dass seine Hände schwanenweiß strahlen, was auch vom Gesicht verlangt wird. Ein bleicher Mensch mit bleichen Händen und nahezu unberührter Ausrüstung kann nur ein Azubi sein, der gerade versucht, sich wie ein richtiger Spieler zu benehmen. Dieser Neuling ist jetzt der dicke Schorsch, der da ein armes Kerlchen am Haken hat, welches gerade eben das Wunder der Übungswiese erlebt, wo auch der grünste aller Anfänger mitunter drei Bälle hintereinander auf eine ordentlich aussehende Bahn bringt.

**Er bringt es außerdem noch fertig, das Opfer zu überzeugen, die Getränke im Clubhaus zu übernehmen**

Der Neuling ahnt nichts von der Realität des harten Lebens auf achtzehn Löchern und den Gemeinheiten, die der dicke Schorsch benutzt, um sein Einkommen zu verbessern – der Neuling fragt in seiner Euphorie den dicken Schorsch, dass man ja in aller Freundschaft einmal die Säbel kreuzen kann, der Platz ist ja im Moment fast leer – aber der dicke Schorsch lehnt das Ansinnen in seiner verlogenen Bescheidenheit zunächst einmal strikt ab – nein, sagt er, er will die Zeit des anderen nicht stehlen, denn er plagt sich mit der Harmonie von Schwung und Griff und Stand, worauf der andere noch jibbiger auf ein richtiges Spiel wird und zuletzt lässt sich der dicke Schorsch tatsächlich überreden und die beiden gehen auf den ersten Abschlag, wo der dicke Schorsch herumjammert und sagt, er muss aber auf jedem Loch mindestens einen vorbekommen und an den fünf schwierigsten Löchern auch zwei, weil das Handicap ja dazu da ist, den Künstler und den dicken Schorsch gleich zu machen.

Nach einer Weile hat der dicke Schorsch dann sein Opfer auf dem ersten Abschlag und das Opfer glaubt inzwischen felsenfest, dass die gesamte Idee dieses Spiels von ihm stammt – das gilt auch noch, als der dicke Schorsch erklärt, dass man ja vorher die Regeln besprechen muss, weil es sonst nur Streitigkeiten gibt – der dicke Schorsch ▶

## DIE TRICKS DES DICKEN SCHORSCH

sagt, die Regeln sind ganz einfach und es ist ja nur, damit man von vornherein weiß, wie es läuft, und nicht erst hinterher anfängt darüber zu reden. Zu diesem Zeitpunkt bezeichnet der dicke Schorsch sein Opfer zum ersten Mal als „mein lieber Freund". Er sagt, „mein lieber Freund", die Regeln hören sich ein bisschen kompliziert an, sind aber in Wirklichkeit ganz einfach – es ist nur wegen des kleinen Nervenkitzels – also wenn ein Loch beendet ist, ziehen wir die Quadratwurzel aus der Differenz zwischen der niedrigsten und der höchsten Schlagzahl und der Verlierer zahlt einen Euro für jeden Schlag. Beim nächsten Loch gilt das Gleiche, nur dass der Verlierer jetzt vier Euro für jeden Schlag zahlt, es sei denn, er gewinnt dieses Mal das Loch. In diesen Falle ist der Gleichstand erreicht, und wenn jemand anders das nächste Loch gewinnt, zahlt der sechs Euro.

Wenn der dicke Schorsch sich ein Opfer für seine Zockerei sucht, kann man sicher sein, dass er auch gewinnt, obgleich er mitunter an Leute gerät, die das Spiel besser beherrschen als er. Auf Grund eines unerschöpflichen Handicapsystems in Verbindung mit charakterlicher Schweinerei und den ehrlichsten Gesichtszügen, die ein Mensch in der Öffentlichkeit zeigen kann, ist der dicke Schorsch unschlagbar. Er setzt seine Verwirrungstaktik noch fort, weil er sehr schnell spricht und dabei Wörter verwendet, die in keiner christlichen Sprache im Gebrauch sind – bei einer eventuellen Nachfrage erntet das arme Opfer nur ein erstauntes Schweigen mit dem kleinen Hinweis, dass doch alles klar ist, oder?!

Nach spätestens zwei Löchern gibt das Opfer jeden Versuch auf, die Wirtschaftlichkeit dieses Systems zu begreifen, welches der dicke Schorsch zur Perfektion entwickelt hat. Der Pillenpeter und meine Wenigkeit sind die einzigen Menschen auf der Welt, die die erfolgreiche Taktik des dicken Schorsch begriffen haben und die einzig mögliche Konsequenz daraus ziehen: Wir spielen mit dem dicken Schorsch am Donnerstagnachmittag nur Spiele, die so einfach sind, dass dem dicken Schorsch keine Möglichkeit bleibt, uns zu verwirren. Da hilft es auch nichts, dass der dicke Schorsch den Trick mit dem Zettel vorbringt, auf dem er angeblich alles notiert. Da er den Zettel nie vorzeigt, nutzt er recht wenig.

Wenn der dicke Schorsch die Abschlachtung seines Opfers am Achtzehnten beendet hat, gibt er sich außerordentlich mitleidend – „alter Freund, Sie haben aber sehr viel Pech gehabt und ich habe ja mitunter weiter nichts als Glück gehabt und auf die Dauer gleicht sich das alles aus und wir sollten es bei Gelegenheit noch einmal versuchen und im Moment sieht es so aus, dass ich von Ihnen achtunddreißig Euro kriege, wenn man die beiden kurzen Putts hinzurechnet, die Sie daneben geschoben haben, sonst wären es nur sechsunddreißig Euro gewesen". Der letzte Versuch des Opfers, der Strafe zu entkommen, ist der Hinweis, dass es nur einen Hunderter dabei hat, was den dicken Schorsch aber eilfertig erklären lässt, dass er wechseln kann. Er bringt es außerdem noch fertig, das Opfer davon zu überzeugen, dass es die Getränke im Clubhaus übernimmt.

**W**as meine Wenigkeit anbetrifft und auch den Pillenpeter, so sind wir davon überzeugt, dass unser großer Freund, der dicke Schorsch, ein Leben führt, welches an der Grenze zum professionellen Betrug und der Vortäuschung falscher Tatsachen und Verbindung mit dem verbotenen Glücksspiel zu betrachten ist, und wenn der Pillenpeter und meine Wenigkeit nicht davon profitieren würden, weil der dicke Schorsch uns von seinem Gewinn manchmal ein Erfrischungsgetränk bezahlt, würden wir mit ihm keinerlei Verkehr betreiben, weil schon unsere Mama damals vor vielen Jahren sagte, mit solchen Leuten geht man nicht um, Junge.

**E**inmal gerät der dicke Schorsch an einen Kerl, der noch besser ist als er. Dieser Kerl akzeptiert fröhlich jedes noch so krumme Wettsystem und übertölpelt sogar den dicken Schorsch mit dem Hinweis, dass man den Einsatz verdoppeln soll, weil es sich ja nicht lohnt, um weniger als einen Fünfer das Loch zu spielen, wenn das Ganze nicht seinen Reiz verlieren soll. Als die Runde vorbei ist hat der Kerl wie gewohnt verloren, als der dicke Schorsch aber sein Geld möchte, lacht ihn der andere nur aus und sagt, er hat doch nur Spaß gemacht und er spielt nie um Geld. Der dicke Schorsch sagt, dass man solche Kerle früher im wilden Westen erschossen hat, aber genutzt hat es ihm nichts. Es dauert eine Weile, bis der Pillenpeter und meine Wenigkeit den dicken Schorsch wieder aufgerichtet haben. Man muss zu seinen Freunden auch halten, wenn sie in Not sind.

**ULI KAISER**

# *Die Story von der Ball-Angel*

Wenn der dicke Schorsch sich ein neues Ausrüstungsstück kauft, kann man mit einiger Sicherheit davon ausgehen, dass es sich um einen Driver handelt mit einem Kopf von der Größe einer Wassermelone oder ein Paket mit Bällen, die nie vom rechten Weg abweichen, wie in der Werbung behauptet wird – aber der dicke Schorsch kommt nie auf die Idee, an seinen Schuhen diese Laschen zu tragen, mit denen man die Schnürsenkel schont, oder das Knöpfchen vom Handschuh als Ballmarkierer zu benutzen, oder pinkfarbene Bälle, die man extra für Farbenblinde eingeführt hat. Deshalb bricht beim Pillenpeter und bei meiner Wenigkeit ein stilles Entsetzen aus, als der dicke Schorsch in seinem Gepäck einen Knüppel mit sich schleppt, mit dessen Hilfe sich ein badender Ball aus dem Gewässer einfangen lässt, was aber seit mindestens tausend Jahren den guten Sitten widerspricht, vor allem weil die Verwendung viel Zeit in Anspruch nimmt, was wiederum einigen Ärger wegen dem langsamen Spiel nach sich zieht. Der Pillenpeter sagt nach minutenlangem Schweigen, dass er mit solchen Leuten nicht spielt, denn ein Ball, der ins Wasser fällt, hat seine Untreue nachgewiesen und an so einen Ball verschwendet man keine Mühe – das ist wie im richtigen Leben, und wenn der dicke Schorsch nicht gleich diesen unappetitlichen Stock verbrennt, will der Pillenpeter sofort nach Hause gehen oder zumindest seinen strengen Protest zum Ausdruck bringen. Was meine Wenigkeit anbetrifft, so gebe ich zu bedenken, dass es sich bei dieser Angel um einen fünfzehnten Schläger im Bag handelt, über den in der Regel nachzulesen ist – egal, ob man damit zählbar schlägt oder zählbar angelt.

Der dicke Schorsch indessen hält den Pillenpeter und meine Wenigkeit für außerordentlich kleinkariert und lebensuntüchtig, denn die Anschaffung einer Angel bei diesem Spiel ist eine Investierung, die sich bereits nach kurzer Zeit amortisiert, weil die Preise für Bälle heutzutage der reine Wucher sind – wenn man zwei Dutzend Bälle vor dem Ertrinken rettet, macht sich die Angel bereits bezahlt. Der Pillenpeter sagt, der dicke Schorsch soll dann eben Tischtennis spielen – da sind die Bälle preiswerter – der Pillenpeter, der sich mit Preisen auskennt in seiner Apotheke, weist außerdem darauf hin, dass man bei tausend Rollen Klosettpapier im Supermarkt ebenfalls viel Rabatt bekommt, aber kein Mensch muss so oft aufs Klo, dass er tausend Rollen Klosettpapier benötigt – das ist ein Gedankengang vom Pillenpeter, dessen Logik mir in diesem Zusammenhang nicht ganz einleuchtet, aber ich bin vorsichtigerweise dafür.

**Er fällt mit einem schrecklichen Schrei in das Gewässer, welches auch sofort über ihm zusammenschlägt**

Die aufregende Diskussion dauert mindestens fünf Minuten, dann beschließen der Pillenpeter und meine Wenigkeit, dass wir in unserer Güte dem dicken Schorsch für dieses eine Mal die Angel verzeihen, aber selbstverständlich darf er sie nicht benutzen, weil man sich mit solchen Leuten in der Öffentlichkeit nicht zeigen kann, denn es schadet dem guten Ruf. Der dicke Schorsch sagt weder ja noch nein – er meint, auf unserem Platz ist ja eh kaum Wasser und er ist ja ein hoch talentierter Spieler, der nie einen Ball ins Wasser schlägt – und er schlägt auch noch vor, dass er sich heute in besonders guter Form befindet und wir sollten doch um einen Fünfer das Loch spielen. Jeder weiß, dass der dicke Schorsch nur sehr selten solche Angebote macht, um nicht zu sagen – so etwas hat der dicke Schorsch noch nie vorgeschlagen, so dass der Pillenpeter und meine Wenigkeit darauf eingehen, weil dadurch unsere Erfrischungsgetränke nach der Runde bereits gesichert sind.

Um der Wahrheit die Ehre zu geben muss man zugeben, dass der dicke Schorsch auf den ersten drei Löchern tatsächlich die Angel in seinem Sack lässt, was aber einigermaßen logisch ist, denn wir haben auf unserem Platz da noch keine feindlichen Gewässer – höchstens das Biotop, dessen Betreten bei Todesstrafe verboten ist oder wenigstens Platzsperre, aber der dicke Schorsch trampelt so behende wie er nur kann schnell da hinein, ohne dazu die Angel zu benutzen, was ja immerhin auch möglich gewesen wäre.

So kommen wir bei munterem Geplauder an das Flüsschen, welches sich quer über das Fairway zieht – es ist ein sehr malerisches Wässerlein, welches einem hübschen Rudel Forellen als Heimat dient. Die Forellen pflegen ihren Aufenthalt unter der schmalen Brücke zu nehmen und lassen sich auch durch das Gerumpel der Trolleys nicht stören, sondern lachen sich halbtot, wenn sich ein Ball zu ihnen gesellt. Es ist in der ▶

## DIE STORY VON DER BALL-ANGEL

internationalen Fischzucht sicherlich der einzige Fall, wo man lachende Forellen erleben kann und wer es nicht glaubt, soll nachgucken kommen. Die Forellen sorgen auch dafür, dass jeder dort gelandete Ball auch schnell weiter geleitet wird, weil nach gut hundert Meter hat sich ein professioneller Ballangler niedergelassen – der Mann wartet nur darauf, dass die Bälle bei ihm vorbeigetrieben kommen, er muss sie nur aufsammeln. Dann verkauft er sie den Vorbesitzern und verschafft sich auf diese Weise eine schöne Verbesserung seiner Rente. Es handelt sich hier übrigens um einen Fall der Rentenverbesserung, der bisher in den verschiedenen Reformbemühungen der Regierung nicht vorkommt. Außerdem wird die juristisch interessante Frage zum Unterschied von „Eigentümer" und „Besitzer" sehr schön definiert.

Der Pillenpeter und meine Wenigkeit liegen inzwischen gegen den dicken Schorsch jeder mit fünfzehn Euro im Minus, was unsere Stimmung nicht besonders erheitert – doch dann geschieht es, dass der dicke Schorsch den Ball ein bisschen zu hoch auf das Tee stellt oder vielleicht dem Größenwahn verfällt, was immer eine der großen Gefahren dieses Spiels ist – auf jeden Fall beschreibt sein Ball eine wunderbare Flugbahn, die nur leider etwas zu kurz ist. Es gibt ein silberhelles Spritzen in dem forellenführenden Flüsschen, als der Ball dort eintaucht – der Pillenpeter und meine Wenigkeit lügen dem dicken Schorsch vor, wie sehr es uns leidtut, dass seine tolle Serie so ein abruptes Ende findet, wobei wir eine tiefe Befriedigung zur Kenntnis nehmen, was sicherlich auch mit den fünfzehn Euro zusammenhängt, die der Pillenpeter und meine Wenigkeit im Rückstand liegen.

Während der Pillenpeter und ich also unser Beileid lügen, setzt sich der dicke Schorsch mit großer Geschwindigkeit in Bewegung bis an das Flüsschen, wo er ohne Rücksicht auf eventuelle vorher gemachte Versprechungen seine Angel aus dem Bag zieht, sie über komplette acht Meter per Teleskop verlängert und eifrig damit beginnt, seinen Ball zu fischen, was übrigens die erwähnten Forellen zu einer wilden Flucht flussabwärts animiert.

Die Beobachtung eines Ballanglers kann sehr spannend sein, weil das zum Ballfang gedachte vordere Teil der Angel durch die zitterigen Hände des Anglers in eine fahrige Bewegung versetzt wird, bei der immer wieder Schlammwolken aufgewirbelt werden, die den Ball unsichtbar machen. Der Pillenpeter will meiner Wenigkeit gerade eine Wette vorschlagen, in der es darum geht, ob der dicke Schorsch den Ball erwischt oder nicht – da geschieht es, dass der dicke Schorsch auf einmal irgendwie das Übergewicht kriegt, was rein physikalisch mit einer unglücklichen Verlagerung seines körperlichen Schwerpunktes zu tun hat – kurz gesagt, der dicke Hintern des dicken Schorsch wird wirksam: und er fällt mit einem schrecklichen Schrei in das Gewässer, welches auch sofort über ihm zusammenschlägt, wie man es vom Kino kennt, wo Seeelefanten und Mörderwale ihr Unwesen treiben. Es ist ein gewagter Vergleich, denn in unsrem Flüsschen wurden noch nie Mörderwale und Seeelefanten gesichtet – im Moment kann man höchstens dem dicken Schorsch eine gewisse Ähnlichkeit mit einem Walfisch zubilligen.

D er Pillenpeter und meine Wenigkeit betrachten mit außerordentlichem Interesse, wie der dicke Schorsch immer wieder an die Wasseroberfläche kommt und dabei mit den Armen um sich schlägt, als ob er einen Flugversuch unternimmt – dabei stößt er grunzende Laute aus wie der erwähnte Seeelefant während des Paarungsvorgangs und speit hohe Fontänen des Flusswassers, welches im Sonnenlicht zu sehr hübschen blitzenden Effekten führt. Der Pillenpeter und meine Wenigkeit beobachten dieses Naturwunder einige Zeit, bis der dicke Schorsch sich immer seltener an der Wasseroberfläche zeigt und am Kopf eine blaurote Färbung annimmt, die offensichtlich auf einen gewissen Sauerstoffmangel zurückzuführen ist, so dass der Pillenpeter befürchtet, wir könnten wegen unterlassener Hilfeleistung in Schwierigkeiten geraten – ein Gedanke, dem ich widerspreche, weil das Wasser nur eineinhalb Meter tief ist und wir uns bei einem Rettungsversuch die Klamotten versauen und überhaupt liegen wir mit fünfzehn Euro hinten.

A ber der Pillenpeter entdeckt seine Lebensretterqualitäten und als der dicke Schorsch zum letzten Mal schwach grunzend auftaucht, reicht er ihm die Angel, die der dicke Schorsch dankbar ergreift und sich ans Ufer ziehen lässt – dort liegt er flach und es laufen ungefähr tausend Liter Wasser aus ihm heraus, so dass wir uns auch die Mundzumundbeatmung sparen können. Der dicke Schorsch ist immer noch voller Todesangst und setzt sich am Ufer direkt auf seine Angel, die mit einem satten Knacken zersplittert und sich für eine Entsorgung anbietet. Man muss es dem dicken Schorsch hoch anrechnen, dass er sich für die Lebensrettung bedankt und auch auf die fünfzehn Euro vom Pillenpeter und meiner Wenigkeit verzichtete.

**ULI KAISER**

# Das *mentale Spiel* in der *Sauna*

Was die herbstliche Jahreszeit anbetrifft, so ist es manchmal besser, wenn man die Donnerstagnachmittagsrunde ausfallen lässt, weil es zu früh ist für die langen Unterhosen und zu spät für das dünne Pullöverchen, was überhaupt nur dem Pillenpeter Freude bereitet, weil der in seiner Apotheke dann mit den Pillen gegen Husten und Heiserkeit das ganz große Geschäft macht – selbst der dicke Schorsch, der gegen jede Art von Wetter unempfindlich ist, hält nicht viel vom Spiel bei strömendem Regen, und was meine Wenigkeit angeht, so rede ich offen von einer Sauna, woraufhin der dicke Schorsch erklärt, dass das eine gute Idee ist. Der Pillenpeter, der manchmal ein ziemlicher Klugscheißer ist, sagt, dass man in der Sauna auch dieses Spiel betreiben kann und zwar auf die mentale Weise, weil die Sauna sich außerordentlich gut für die meditative Umsetzung des menschlichen Willens eignet – der Pillenpeter hat manchmal eine druckreife Art, sich auszudrücken, dass es einem schlecht werden kann, was übrigens auch der dicke Schorsch so empfindet, während ich mich in meiner Wenigkeit bescheiden zurückhalte und auf keinen Fall in eine Sauna möchte, in der sich Schläger und Bälle befinden. In diesem Zusammenhang weise ich auf eine deutsche Sauna-Ordnung hin, in der steht geschrieben, dass Lärmen, Singen, Pfeifen und das Mitbringen von Hunden verboten ist.

In diesem Sinne gehen wir an diesem Donnerstagnachmittag nicht auf die Runde, sondern in die Sauna, wobei man wissen muss, dass das Spiel in der Sauna den Vorteil besitzt, dass man dabei keine Bälle verliert und keine abrupten Bewegungen machen muss, die sich für die Rückenmuskulatur außerordentlich kontraproduktiv auswirken. Eine Voraussetzung für das mentale Spiel in der Sauna ist die Kenntnis des Platzes – denn was einer nicht kennt, kann er mental auch nicht fassen, logisch.

**B**evor das mentale Spiel beginnt, gehen einem die tollsten Gedanken durch den Kopf, die ein ganzes Weltbild ins Wanken bringen können – weil der Pillenpeter sagt, dass es heiß wie die Hölle ist, sagt der dicke Schorsch, dass es dann im Himmel saukalt sein müsste, was ja auch nicht der wahre Jakob ist. Außerdem sagt der dicke Schorsch, dass der Buddha auf dieser Welt viele Anhänger hat und immer so gemütlich aussieht, als ob er in der Sonne hockt – der dicke Schorsch sagt auch noch, dass es ja seine Gründe haben muss, dass die großen Religionen dieser Welt dort entstanden sind, wo es schön warm ist und nicht in Alaska oder in der Antarktis. Darauf verfallen der Pillenpeter und meine Wenigkeit in tiefes Staunen, denn einen solchen tollen Gedanken haben wir noch nie vom dicken Schorsch gehört.

**D**as mentale Spiel in der Sauna beginnt man, wenn die Flüssigkeit sich aus mehreren dünnen Bächlein zu einem Rinnsal sammelt und zunächst in den Falten des Bäuchleins versickert, bevor es in den intimen Gefilden verschwindet. Der Pillenpeter, der in der Sauna ganz besonders mickerig wirkt, sagt, es fällt ihm schwer, zu einer richtigen Transpiration zu kommen. Er sagt tatsächlich Transpiration und nicht Schwitzen, woran man sehen kann, dass er eine besondere Art der höheren Schulbildung genossen hat. Der dicke Schorsch indessen meint, wir sollten einen Aufguss machen vor dem mentalen Spiel – dann beginnt die Flüssigkeit damit, aus ihm herauszugluckern wie aus einem Wasserhahn, aber er fühlt sich offensichtlich sehr wohl dabei, wie man aus seinem schmerzerfüllten Stöhnen entnehmen kann.

> **Am nächsten Donnerstagnachmittag spiele ich völlig unmental eine Einhundertacht, was niemand besonders aufregt**

**B**eim ersten mentalen Abschlag landet der Ball von meiner Wenigkeit mit leichtem Fade an der rechten Fairwaykante, aber für die Fortsetzung habe ich neuerdings ein kleines Neuner-Holz und natürlich treffe ich das Grün – der Ball bleibt drei Meter vor der Fahne liegen und selbstverständlich gibt es ein Birdie – so funktioniert das erste mental gespielte Loch, was kein schlechter Auftakt ist, denn genauso habe ich damals das Loch einmal mit offenen Augen gespielt, so dass sich hier die mentale Leistung und die mentale Realität decken, was eine erhebliche Zufriedenheit zur Folge hat. Nein – vom dicken Schorsch und vom Pillen- ▶

## DAS MENTALE SPIEL IN DER SAUNA

peter höre ich nichts, denn sie beschäftigen sich ja mit ihrer eigenen Mentalität.

Nach diesem schönen Auftakt beschließe ich nach längerem Nachdenken, vor dem zweiten Abschlag aus der Rückenlage in die Bauchlage zu wechseln, was der gleichmäßigen Durchblutung der Hirnzellen entgegenkommt. Ich lasse es dann aber doch bleiben, weil das erste Loch zu gut verlaufen ist und ein Wechsel nicht gut ist für den Schwung in der Sauna – das zweite ist ein langes Par drei und ich erreiche nicht das Grün, woran man gleich erkennen kann, wie ehrlich ich bei dem mentalen Spiel bin, aber ein Pitch und ein Putt ist auch nicht schlecht und ich überlege, ob ich vielleicht jetzt einen Aufguss riskieren soll, obgleich es sein kann, dass der vor sich hinplätschernde dicke Schorsch und der dürre Pillenpeter sich dann gestört fühlen. Beim mentalen Golf in der Sauna läutet keine entfernte Kirchenglocke ausgerechnet dann, wenn ich zu meinem entscheidenden Putt ansetze, es zwitschern auch keine Vögel, es hupen keine Autos, es ziehen keine Flugzeuge daher, es gibt keinen Greenkeeper, der ausgerechnet jetzt mit seiner segensreichen Tätigkeit beginnt. Selbst der Pillenpeter hält den Mund und der dicke Schorsch plätschert nur kaum hörbar – es hört sich an, als würde er langsam auslaufen.

Die lustvolle Pein, die da entsteht, wenn mir glühende Stöpsel in die Nase fahren, führt mich an das nächste mentale Loch – ein langes Fünfer-Par, bei dem ich mir zur freundlichen Unterstützung des Abschlags einen kleinen mentalen Rückenwind vorstelle, was ganz in Ordnung gewesen wäre, wenn der Pillenpeter nicht plötzlich ohne große Ankündigung zur Schöpfkelle greift und einen gewaltigen Aufguss zelebriert, bei dem es meiner Wenigkeit völlig entgeht, was mit meinem mentalen Ball geschehen ist.

Hier zeigt sich ein weiterer gewaltiger Vorteil des Spiels in der Sauna, denn man kann sich auch nach dem zweiten oder dritten mentalen Schlag einen mentalen Mulligan nehmen und das Loch im Geiste noch einmal von vorne beginnen, ohne dass der plätschernde dicke Schorsch oder der mickrige Pillenpeter einen lautstarken Protest loslassen – was den dicken Schorsch anbetrifft, so gibt er seit einigen Minuten ein sehr gleichmäßiges Sägegeräusch von sich, was mich in der Meinung bestärkt, dass der dicke Schorsch aus dem Wettbewerb ausgeschieden ist. Im zweiten Versuch schaffe ich mit Leichtigkeit ein Par – ehrlich, wenn auch mit ein bisschen Glück, weil ein Putt über acht Meter geht ja auch nicht jeden Tag rein, wobei sich bei meiner Wenigkeit eine tiefe Zufriedenheit einstellt, die sich noch verstärkt, als ich mit dem Stiel der Schöpfkelle einen interessanten Overlappinggriff probiere. Einen nutzbringenden Stand kann ich leider nicht einnehmen, weil ich auf der obersten Stufe der Sauna liege, wo normalerweise die harten Jungs lagern, während auf der untersten Stufe ja bekanntlich die Laumänner und Weicheier sitzen, die keine Ahnung vom harten Spiel haben, welches sich vor dem geistigen Auge abspielt.

Das besonders Praktische am mentalen Spiel in der Sauna ist auch, dass man für jedes Loch im Geiste nur ungefähr eine gute Minute benötigt, so dass eine Runde ziemlich genau einen realen Sauna-Gang ausmacht – zwei reale Sauna-Gänge machen also zwei mentale Runden, wobei noch genügend Zeit bleibt, sich den richtigen Schläger zu überlegen und ob man heute einen guten Tag zum Putten hat oder nicht. Das Schöne beim mentalen Spiel ist, dass man meistens einen guten Tag zum Putten hat, was in der Realität nur selten vorkommt – ich habe beispielsweise in meiner Wenigkeit nur selten mehr als einen Putt beim mentalen Spiel benötigt, was für das Selbstbewusstsein außerordentlich günstig ist. Ich muss zugeben, dass ich auf dem Platz bei den normalen Donnerstagnachmittagsrunden mit dem dicken Schorsch und dem Pillenpeter nicht immer so erfolgreich bin.

Dann hört plötzlich das Sägen und Plätschern vom dicken Schorsch auf und er spricht völlig klar, als ob er keine Sekunde im Sauna-Schlaf verbracht hat, dass er das mentale Spiel außerordentlich schätzt und nach seiner überschlägigen Rechnung etwa eine Achtzig gespielt hat, was ja nicht schlecht ist für das mentale Spiel, aber der Pillenpeter regt sich schrecklich auf, was einer nie in der Sauna machen sollte und hält den dicken Schorsch für einen schrecklichen Betrüger, der das ganze mentale Spiel verschläft und anschließend ein Ergebnis vorspiegelt, was selbst für ein mentales Spiel eine Frechheit ist – der dicke Schorsch sagt, dass er sich das nicht gefallen lassen muss, denn schließlich sei er ein ehrlicher Mensch und habe einen guten Ruf zu verteidigen – es wäre fast passiert, dass ein richtiger Krach ausbricht mit ernsthaften Gefahren für unsere Donnerstagnachmittagsrunde – aber dann fragt der Pillenpeter meine Wenigkeit, was ich denn gespielt habe rein mental und ich sage, dass ich gerade dabei bin, eine mentale Scorekarte ins Gedächtnis zu rufen – dann sage ich sechzig.

Darauf schweigen der dicke Schorsch und der Pillen-Peter, weil sie von meiner mentalen Weltklasseleistung offenbar so beeindruckt sind. Am nächsten Donnerstagnachmittag spiele ich auf dem Platz völlig unmental eine Einhundertacht, was niemand besonders aufregt.

**ULI KAISER**

# Oma war zu Besuch

Es gibt Tage und Wochen, von denen wir sagen, sie gefallen uns nicht. Meine Wenigkeit hat sich erlaubt, diesen grundsätzlichen Satz aus dem Buch der Bücher zu stehlen, was aus urheberrechtlichen Gründen übrigens nicht verboten ist, da der Autor seit sehr langer Zeit nicht mehr unter den Lebenden weilt.

Am besten ist, ich beginne diese Geschichte mit dem Anfang. Ich weiß ganz genau, dass es sich um einen Mittwoch handelt, weil der nächste Tag ein Donnerstag ist und am Donnerstagnachmittag findet seit mindestens hundert Jahren die Runde mit dem dicken Schorsch, dem Pillenpeter und meiner Wenigkeit statt. In diesem besonderen Falle treffen wir uns aber am Mittwochabend, was mehrere Gründe hat – erstens ist Europapokal beziehungsweise Champions-Liga oder wie das jetzt heißt und der Pillenpeter hat den Fernseher mit dem größten Bildschirm und der ist kaputt. Zum dicken Schorsch gehen der Pillenpeter und meine Wenigkeit nicht besonders gern zum Fußballgucken, weil seine derzeitige Lebensabschnittsgefährtin immer mitbackt und völlig unmotiviert plötzlich Abseits schreit, anstatt still dafür zu sorgen, dass eine ausreichende Zahl von kühlen Erfrischungsgetränken bereitsteht und dazu die entsprechenden Nahrungsmittel, etwas alter Holländer, handliche Schinkenwürfel, ein wenig Brot.

Es bleibt also nur mein bescheidenes Heim, welches mit einem ordentlich funktionierenden Fernseher ausgerüstet ist – außerdem verfüge ich über eine entsprechende Anzahl von bequemen Sitzgelegenheiten und einen kühlen Keller wegen der Getränke. Die notwendigen Speisen pflege ich bei solchen Gelegenheiten am Vormittag lieber persönlich in passenden Delikatessengeschäften einzukaufen, was jedes Mal das Erstaunen einer Hausgenossin hervorruft mit der Frage, ob die Herren länger bleiben wollen. Danach folgt eine Diskussion, in deren Folge die erwähnte Hausgenossin beschließt, mit einer Freundin ins Kino zu gehen – nicht ohne zu erwähnen, dass es später werden könnte, so dass es auch für Verlängerung und Elfmeterschießen reicht. An diesem Mittwoch allerdings ist alles anders, denn Oma ist zu Besuch gekommen.

Nichts gegen Oma – sie hängt seltsamerweise am VfB Stuttgart und kann den FC Bayern für den Tod nicht ausstehen, woraus der geneigte Experte ja seine eigenen Schlüsse ziehen kann. Damit ließe sich noch leben, wenn nicht der dicke Schorsch und der Pillenpeter noch vor dem Anpfiff des Fußballspiels im Fernsehen sehr unvorsichtig und außerordentlich geschwätzig darauf hinweisen, dass wir ein anderes Spiel mit viel Leidenschaft und wenig Eleganz betreiben, und zwar immer am Donnerstagnachmittag – heute ist also Fußballmittwoch und morgen ist Golfdonnerstag. Oma ist ein bisschen schwerhörig und sagt laut: „Mit solchen Leuten verbringst du deine Freizeit?"

Es ist so, dass sich just in diesem Moment ein wahnsinnig interessanter Spielzug aus dem defensiven Mittelfeld entwickelt, so dass Omas Stimme in dem Lärm untergeht – der dicke Schorsch und der Pillenpeter können nämlich mitunter sehr empfindlich sein. Innerhalb weniger Minuten erklärt Oma, dass meine Wenigkeit Besseres zu tun haben sollte – sich beispielsweise um die Kinderchen kümmern, endlich mal einen neuen Wagen kaufen, den Rasen mähen. Ich sage: Ja Oma. Ansonsten ist gegen das Spiel wenig zu sagen – der dicke Schorsch und der Pillenpeter verlassen mein Heim ohne größere Zerstörungen – die Richtigen haben gewonnen.

> **Oma benötigt – egal aus welcher Entfernung – immer nur einen Putt, es ist grandios**

Am Donnerstagnachmittag entrinne ich der Bewachung hinten über die Garagentür, um mit dem dicken Schorsch und dem Pillenpeter die gewohnte Runde zu spielen. Abschließend diskutieren wir zunächst jedes Loch, den Zustand der Grüns, schimpfen über den Vorstand und geraten dann in die gesamtpolitische Lage sowie das Gesundheitswesen. Als ich heimkomme, ist Oma noch wach. Sie sagt: „Wie lange dauert so ein Golfspiel?" Ich: „Knapp vier Stunden!" Oma: „Und warum kommst Du dann erst jetzt nach Hause?" Die Hausgenossin hat gesagt, Oma will vierzehn Tage bleiben.

Am nächsten Morgen macht Oma darauf aufmerksam, dass sie eine selbstgemachte Himbeermarmelade mitbringt und sich das einmal anschauen will. Ich frage: „Was willst du anschauen?" Oma: „Dein Golfspiel!" Ich: „Vielleicht solltest du es vorher ▶

## OMA WAR ZU BESUCH

einmal im Fernsehen anschauen!" Oma: „Nein!" Es kommt in unserem Club sehr selten vor, dass man in Begleitung der Oma auf die Runde geht. Gott sei Dank regnet es ein wenig, so dass der Platz einigermaßen leer ist. Nur der dicke Schorsch und der Pillenpeter sind da – echte Freunde in der Not, die dastehen und infam grinsen. Mein erster Abschlag ist gar nicht schlecht, der Ball landet wie gewohnt rechts unter der Tanne. Oma sagt: „Ich habe den Ball nicht gesehen!" Ich schubse den unter der Tanne liegenden Ball ein wenig mit der Fußspitze heraus. Oma sagt: „Darf man das?!" Ich: „Eigentlich nicht!" Oma: „Warum tust du es dann?" Ich: „Ich bin ja allein und betrüge niemand!" Oma: „Du betrügst dich selbst!"

Der zweite Schlag mit dem Eisen ist dreißig Meter zu kurz. Oma sagt: „Wo sollte der denn hin?" Ich: „An die Fahne!" Oma: „Und warum hast du's nicht getan?" Ich: „Wenn ich das immer könnte, wäre ich Berufsspieler geworden!" Oma: „Willst du sagen, dass es Menschen gibt, die mit diesem infantilen Spiel ihren Lebensunterhalt bestreiten?" Ich: „Ja!" Oma: „Kriegen sie viel?!" Ich: „Manche kriegen Millionen!" Oma schweigt nachdenklich.

Ausgerechnet heute passiert es, dass der Ball das abschüssige Ufer des Teiches erwischt und ins Wasser springt. Oma fragt: „Was kostet so ein Ball?" Ich sage: „Bis zu fünf Euro!" Oma: „Willst du sagen, dass du soeben fünf Euro in das Wasser geschlagen hast?!" Ich: „Der Ball war ja nicht mehr ganz neu!" Indessen steht Oma am Ufer und starrt ins Wasser: „Dort im Wasser liegen viele Bälle – was geschieht mit ihnen?" Ich: „Irgendjemand holt sie heraus und kann sie behalten!" Oma: „Du wirst sofort in das Wasser steigen und die Bälle herausholen!" Ich: „Es ist mir zu kalt!" Oma: „Du bist ein Verschwender – heute nennt man solche Leute Weichei!" Dann hat sie bereits die Schuhe von den Füßen, den Rock geschürzt und steht bis über die bleichen aber abgehärteten Knie im Wasser. Sie erwischt ein knappes Dutzend Bälle, die sie in ihrer Handtasche verschwinden lässt – Oma geht nirgendwohin ohne Handtasche. Sie fragt hoffnungsvoll: „Kommen noch mehr Gewässer?"

Irgendwann zwischen dem siebten und achten Loch schließen der dicke Schorsch und der Pillenpeter zu Oma und meiner Wenigkeit auf. Oma verwickelt die beiden Herren in ein intensives Gespräch über die Qualität des Fußballspiels gestern Abend in meinem Heim vor meinem Fernseher in meinen Sesseln – mit meinen Getränken und meinen Nahrungsmitteln. Als die Oma endlich auf die alles entscheidende Frage zusteuert, erweisen sich die Freunde als Verräter. Oma fragt: „Lass mich doch auch mal!" Ich lehne das ab, weil es gegen die Clubregeln ist, aber der dicke Schorsch und der Pillenpeter halten das für einen großen Spaß. Ich gebe mich geschlagen: „Aber nur einen Putt!" Es kommt wie es kommen muss – Oma puttet den Ball aus zwölf Metern rappelnd in die Kiste. Ich sage: „Anfängerglück!" Das hätte ich nicht sagen sollen – Oma erwidert: „Das ist doch das einfachste Ding der Welt!" Dieses Mal locht sie aus acht Metern.

Ich habe sie in meiner Wenigkeit die verbliebenen Putts alle machen lassen – vor allem war es die Schuld vom dicken Schorsch und vom Pillenpeter, die zuerst lachen, dann aber das Schauspiel ungläubig besichtigen. Oma benötigt – egal aus welcher Entfernung – immer nur einen Putt, es ist grandios. Am letzten Loch bringt sie den Wunsch vor, auch einen Drive vom Tee zu probieren, aber das kann ich ihr ausreden – vor allem auch wegen der Leute auf der Terrasse. Ich erzähle ihr von der Platzerlaubnis. Oma: „Was ist das?" Ich: „Das ist so etwas wie ein Führerschein – du musst üben und eine Prüfung ablegen!" Oma ist sehr nachdenklich: „Achso!" Oma, die sonst eine sehr sparsame Frau ist, hat sich mit dem dicken Schorsch und dem Pillenpeter offensichtlich eng befreundet und gibt für die ganze Gesellschaft einen aus. Ich habe sie noch nie in dieser Stimmung erlebt.

Am nächsten Morgen klappert sie mit dem Frühstück und wenn ich mich nicht täusche, höre ich sie leise vor sich hin singen. Ich erwarte den gewohnten Hinweis auf die zweifellos köstliche selbstgemachte Himbeermarmelade, aber Oma schenkt den Kaffee ein und sagt dabei so ganz nebenbei, dass sie jetzt auch mit dem Golfspiel beginnen wird.

**ULI KAISER**

# Das Spiel auf der Clubhaus-Terrasse

Was den Pillenpeter anbetrifft, so muss man von seinem Charakter wissen, dass er sich damals einen einzigen Ball kauft, den er in einem Wühltisch findet, wo im Proshop jene Bälle zu finden sind, die von fleißigen Tiefseetauchern in emsiger Arbeit aus tiefer Meerestiefe – wie schon der Name sagt – ans Tageslicht hervorgeholt werden, und leichtfertige Spieler animieren; dabei haben solche Bälle bereits ihre in flagranti erwischte Untreue bewiesen, so dass ein in solchen Dingen erfahrener Mensch davon Abstand nimmt. Um auf den Pillenpeter und seinen Charakter zurückzukommen, so hat er vor vielen Jahren beschlossen, dieses Spiel zu erlernen und sich zuerst einmal mit den finanziellen Erfordernissen vertraut gemacht, wobei sich natürlich die Frage nach einem Ball ergibt. Der Pillenpeter sieht dabei überhaupt nicht ein, dass es nötig sein könnte, einen Ball in der gefährlichen Umwelt zu verlieren, so dass er es trotz einiger Überredungsversuche nicht einsieht, einen zweiten oder gar dritten Ball zu kaufen und auch jeden Mengenrabatt ablehnt. Der Pillenpeter erklärt in seiner ersten Lehrstunde auf der Übungswiese, wo er selbstverständlich auch den Lehrer spart, dass er nie einen Ball verlieren wird – außerdem fragt er, ob man einen Ball runderneuern kann, was er für eine gute Idee hält. So einer ist der Pillenpeter, und der dicke Schorsch und meine Wenigkeit brauchen viele Donnerstagnachmittage, um dem Pillenpeter eine gewisse Lebensart beizubringen. Bälle kauft er allerdings immer noch nicht, sondern strolcht wie ein Storch nach den Fröschen bei jeder Runde am Donnerstagnachmittag am Rande des hohen Grases entlang, wo die verlorenen Objekte herumliegen.

Wie meine Wenigkeit auf diese charakterlichen Eigenschaften vom Pillenpeter zu sprechen kommt, ist auch nicht mehr ganz klar, aber es muss einfach einmal gesagt werden, damit keiner auf die Idee kommt, dass der Pillenpeter, der dicke Schorsch und meine Wenigkeit uns am Donnerstagnachmittag immer umarmen und vor lauter Freundschaft die Birdies so ohne Weiteres hergeschenkt kriegen.

Als wesentlichen Bestandteil unserer Donnerstagnachmittagsrunden ist die Tatsache anzusehen, dass es ein weit verbreiteter Irrtum ist, wenn man annimmt, dass dieser Sport unbedingt im Freien ausgeübt werden muss oder gar in der wilden und meist feindlichen Natur. Unter freiem Himmel ist es oft nass und kalt und es wehen frostige Winde und der erwähnte Himmel ist unter Wolken verschwunden, so dass man das Spiel sehr gut in eine schön geheizte Gaststube verlegen kann. Mit etwas Talent zur Schauspielkunst lässt sich hier glaubhaft berichten, wie man sich gerade noch vor Stürmen und Blitzen retten konnte – jeder weiß, dass nichts so gefährlich ist wie ein Gewitter auf dem Platz. Nach dem wirklichen Gewitter steht an zweiter Stelle gleich ein drohendes Gewitter, welches sich am Horizont ankündigt, so dass es sich gar nicht erst lohnt, mit dem Spiel anzufangen. Dann belegen der Pillenpeter, der dicke Schorsch und meine Wenigkeit einen guten Tisch auf der Clubhausterrasse und besprechen die Gefahr eines nahenden Gewitters, das oft mit hohen Temperaturen auftritt, die neben dem Gewitter auch noch den Hitzschlag hervorrufen, so dass sich mit Fug und Recht behaupten lässt, dass es sich bei diesem Spiel um eines der gefährlichsten handelt, wobei der Pillenpeter die Überlegung anführt, wie das mit der Versicherung ist. Solch ein Typ ist der Pillenpeter, obgleich man zugeben muss, dass er seine Zockerschulden meistens nur mit geringer Verzögerung bezahlt.

**An dem besten Tisch auf der Clubhausterrasse entscheiden sich Beliebtheit und der Ruf eines Menschen**

Der Vorteil der Terrasse liegt bei dem schönen Blick auf das letzte Grün, von wo sich labile Verlierer und heroische Sieger über die letzten hundert Meter schleppen, als wären sie zumindest bei der eigenen Hinrichtung als Hauptgast zugegen. Der Pillenpeter, der dicke Schorsch und meine Wenigkeit betreiben von dem erwähnten Tisch auf der Clubhausterrasse ein interessantes Wettspiel, bei dem es darum geht, aus der Entfernung Sieger und Verlierer zu tippen – es ist eine Wette, die allerhöchste Konzentration verlangt und eine Menschenkenntnis, die man nur durch ein großes psychologisches Einfühlungsvermögen zu erringen vermag. Hier handelt es sich übrigens um einen Wettstreit, bei dem der ▶

## DAS SPIEL AUF DER CLUBHAUS-TERRASSE

Pillenpeter nicht die geringste Chance besitzt, weil es ihm sicherlich nicht liegt, sich in die Seele anderer Menschen hineinzuversetzen.

Der dicke Schorsch besitzt dagegen ein ausgesprochenes Talent für das Innenleben anderer Zeitgenossen, wobei er besonders erfolgreich seine Wetten abschließt, wenn sich die vier Damen die letzte Bahn herauf zum Grün bewegen. Der Pillenpeter und meine Wenigkeit bezwingen den dicken Schorsch nur selten bei diesem Terrassenzock, was eventuell daran liegen kann, dass der dicke Schorsch seine Feinfühligkeit in Bezug auf die Leiden und Freuden der Damen in verschiedenen ehe- und eheähnlichen Gemeinschaften erworben hat, was auf diese Weise also einen tieferen Sinn erhalten hat. Der dicke Schorsch, der im Moment gerade wieder einmal getrennt lebt und immer wieder versichert, dass ihm dieser Umstand einen tiefen Schmerz im Herzen verursacht, nutzt diesen Schmerz gnadenlos aus, wenn er uns – dem Pillenpeter und meiner Wenigkeit – das Geld abnimmt, so dass uns seine inneren Schmerzen ziemlich egal sind.

Nur ausgesprochene Laien lassen sich dazu hinreißen, an solchen Tagen solch' gefährliche Themen wie Slice und Hook an dem schönen Tisch auf der mehrfach erwähnten Terrasse zu erwähnen – es kann vielleicht sein, dass die Wunderdinge, die man über irgendeinen neuen Schläger erfahren hat, irgendwann zur Sprache kommen, aber ab einem gewissen Alter sind die großartigen Verletzungen, Krankheiten und eventuelle Operationen ein weitaus interessanteres Thema. Richtige Spezialisten hierzu kennen die Speisekarte in jedem besseren Hospital und tauschen auch ihre Erfahrungen über die Qualitäten des Chefchirurgen und der Stationsschwester aus. Der Pillenpeter, der dicke Schorsch und meine Wenigkeit haben bei der Gelegenheit des Terrassen-Gammelns schon den Gedanken gehabt, für die entsprechenden Heil- und Operationshäuser eine Liste aufzustellen, die in der Öffentlichkeit sicherlich viel Anklang finden würde, weil ja jeder gerne wissen möchte, in welcher Umgebung er sein Leben in die Hände stockfremder Menschen überantwortet.

Der tiefere Sinn des Spiels liegt nämlich nur in den seltensten Fällen in der Beherrschung der dazu entsprechend notwendigen Utensilien. Allerhöchste Präsidenten haben sich dahingehend geäußert, dass dieses Spiel von einem besonderen Geist beseelt ist, der – weil es sich auf Englisch besser anhört – als „spirit" bezeichnet wird. Dieser besondere Geist beruht oft allein auf dem Umstand, dass Golfspieler diesen Zeitvertreib einigermaßen ehrlich bestreiten – das heißt, nicht gegen die Regeln verstoßen. Schwierig ist dabei lediglich der Umstand, dass es im Gegensatz zum Boxen, Stabhochsprung oder Fußball keine Schiedsrichter gibt. Selbst der Pillenpeter, der im Privatberuf eine Apotheke betreibt und aus diesem Grunde sehr wohl weiß, wie man seinen eigenen Vorteil vertritt, würde nie einen fremden Ball aufsammeln, solange er sich noch in Bewegung befindet.

Was ältere Gentlemen anbelangt – beispielsweise meine Wenigkeit – so halten wir die strapaziösen Wettspiele für einiger-

und eine ganze Vogelwelt erlebt zu haben auch noch die ganze Frische eines Sommermorgens zu schlürfen. Seltsamerweise gelten Frühaufsteher als Menschen mit einem untadeligen Ruf – selbst dann, wenn sie wegen eines schweren Katers von gestern Abend nicht einschlafen können. Oder wegen vegetativer Störungen.

**A**n dem besten Tisch auf der Clubhausterrasse entscheiden sich Beliebtheit und der Ruf eines Menschen eher als bei der Siegerehrung, wo man wegen dem zwoten Netto einen spärlichen Applaus erfährt. Wenn man dann noch einiges von dem Blödsinn laut verbreitet, welcher immer scharfe Diskussionen nach sich zieht, kann man in die Gefahr geraten, bei den nächsten Vorstandswahlen einen herausragenden Posten zu erhalten – beispielsweise: „Ich muss dem Spiel jeden sittlichen Wert absprechen. Ich bin ja nur ein leidlicher Spieler, aber ich denke manchmal über den Sinn nach. Man schindet sich ohne Zweifel ab und wozu? Nur weil andere einmal gesagt haben, sie hätten mit diesem Spiel ihr Leben verändert und es hätte dem erwähnten Leben einen anderen Sinn gegeben – und vor allem Demut!"

maßen überflüssig, weil sie kaum einmal dafür sorgen, den eigenen Ruf als Spieler zu erhöhen. Der Routinier, der in diesem Alter sowieso nur noch wenig Schlaf benötigt, kann also in aller Herrgottsfrühe aufstehen, in den Club fahren und den besten Tisch dort einnehmen, frühstücken, die Zeitung lesen und vor allem die Sportergebnisse auswendig lernen. Es hat lange gedauert, bis ich die Tricks vom dicken Schorsch durchschaut hatte: Er sitzt dann mutterseelenallein und behauptet, bereits seine ersten achtzehn Löcher des Tages gespielt zu haben und neben dem Erlebnis, Rehe, Hasen, Fasanen

**D**er Glaube daran, dass eine Vielzahl von Spielern dabei die Demut lernt, ist mit einigem Recht genauso zu bezweifeln wie die Sache mit dem „spirit". Aber wie man an diesem Beispiel mit dem Pillenpeter, dem dicken Schorsch und meiner Wenigkeit erkennen kann, ist das Reden über das Spiel genauso wichtig wie das Spiel selbst.

**ULI KAISER**

# *Der exklusive Bröselclub*

Für viele Mitbürger ist das Leben vom Pillenpeter sicherlich nicht so besonders wichtig und für die meisten Tage trifft das auch auf mich zu, aber am Donnerstagnachmittag fehlt einem was, wenn der Pillenpeter nicht dabei ist und ich bin mir sicher, dass der dicke Schorsch das genauso sieht, obgleich wir noch nie darüber gesprochen haben, weil man über Selbstverständlichkeiten nicht spricht, und am Donnerstagnachmittag spielen wir selbstverständlich unsere Runde, wobei wir uns gar nicht mehr verabreden müssen, so selbstverständlich ist das. Deshalb ist es stark auffallend, wenn der dicke Schorsch und ich schon am ersten Abschlag stehen und herummaulen, wo denn der Pillenpeter bleibt, der sich sonst nie verspätet, weil der Pillen-Verkauf in seiner Apotheke auch ohne ihn hervorragend funktioniert. Aber dann kommt der Pillenpeter plötzlich mit schleppendem Gang aus dem Clubhaus herangewackelt und hat tatsächlich einen Schritt drauf wie man ihn sonst eventuell bei Beerdigungen erleben kann, und zwar nur von den nächsten Angehörigen des Verstorbenen. Und unter den Augen trägt der Pillenpeter drei bis vier Trauerringe, die auf einen gewaltigen Herzenskummer hinweisen – also echt, er sieht zum Kotzen aus und aus dem dicken Schorsch strömt das reinste Mitempfinden, wenn er fragt, ob der Pillenpeter gestern Abend besoffen war oder was sonst los ist.

Der Pillenpeter schüttelt nur den Kopf und sagt mit einer Stimme, der man die tiefe Verzweiflung anhört, dass alles viel schlimmer ist, weil es sich um seine Frau handelt, worauf der dicke Schorsch mitfühlend fragt, ob der alte Besen endlich verschieden ist oder wenigstens ausgezogen aus der häuslichen Gemeinschaft und ich denke ebenfalls daran, mein tief empfundenes Mitgefühl zum Ausdruck zu bringen, aber der Pillenpeter sagt, sie weilt noch unter den Lebenden, es ist viel schlimmer, denn gestern am Mittwoch war Damenturnier wie jeden Mittwoch, was übrigens dazu führt, dass sich keiner von uns seit Jahren dem Club nähert an diesem

Tag, weil Damengolf für uns zu schwierig ist, was zwar keine tolle Erklärung darstellt, aber immer noch besser als gar keine ist, und manchmal ist es besser, man hält die Schnauze, vor allem wenn man ein Mann ist und die Rede aufs Damengolf kommt und der Friede soll erhalten bleiben.

Der dicke Schorsch findet die Verzweiflung vom Pillenpeter also ausgesprochen albern und ich schließe mich auch sofort dieser Meinung an, denn es ist nicht einzusehen, dass einer die Volkstrauer demonstriert, nur weil gestern Damentag war und aller Voraussicht am nächsten Mittwoch wieder Damentag sein wird, was ein bisschen hinderlich sein kann, aber nicht für uns, da wir ja erst am Donnerstagnachmittag unsere Runde spielen.

Der Pillenpeter schaut uns beide an wie ein waidwund geschossenes Reh und sagt, es ist ja alles nicht so schlimm, aber meine Frau hat gestern das Turnier gewonnen, worauf der dicke Schorsch sagt, das kann ja mal passieren, und ich sage, sie wird einen ausgegeben haben, was rein finanziell immer ein bedauernswerter Tatbestand ist, weil man das Geld auch besser anlegen kann, aber da muss man eben durch und außerdem soll sich der Pillenpeter nicht so haben, denn in seiner Eigenschaft als pillenverkaufender Apotheker verfügt er über ein ausreichendes Einkommen, welches auch dann ausreichend bleibt, wenn seine Tussi zum Turniersieg einen ausgibt – und weil wir gerade dabei sind, stelle ich die ein wenig gehässige Frage, ob seine liebe Gemahlin im Moment gerade blond, braun oder rot herumläuft, weil ich weiß, dass ihn das aufregt. Aber der Pillenpeter sagt nichts, sondern guckt nur, obgleich er es sonst nie leiden kann, wenn man fragt, welche Haarfarbe seine werte Gemahlin denn nun in Wirklichkeit hat, weil bei uns im Club da hohe Wetten am Laufen sind, wie der Pillenpeter selber mitgekriegt hat – es gibt Mitbürger, die behaupten, der Pillenpeter weiß selbst nicht welche Farbe, wegen der fehlenden Beleuchtung zu Hause im Schlafgemach. Vor allem der dicke Schorsch vertritt diese interessante Ansicht, obgleich der hier gar nicht mitreden darf, weil er seit langem getrennt lebt, was angeblich finanziell ziemlich aufwendig ist, aber sonst recht erholsam sein kann.

**Der Pillenpeter sagt, dass er seine Alte ja nicht umbringen kann wegen des Bröselclubs**

Nachdem wir also schweigend ausgiebig des Sieges von Pillenpeters anderer Hälfte beim Damenturnier am gestrigen Mittwoch gedenken, erlaube ich mir den bescheidenen Hinweis, dass der Turniersieg einer sogenannten Gemahlin nun wirklich kein ausreichender Grund für eventuelle Depressionen ist, und wir sollten nun endlich abschlagen, damit wir mit unserer Donnerstagnachmittagsrunde beginnen und vor allem früh genug beenden, damit der Abend nicht zu kurz wird, worauf der Pillenpeter sich ▶

## DER EXKLUSIVE BRÖSELCLUB

kein bisschen bewegt, sondern sagt, dass es ja nicht nur der Sieg von seinem Radieschen ist, der ihn seelisch so tief bewegt – das Grauenvolle an diesem Erfolg, der ihr von Herzen gewünscht wird, ist die Tatsache, dass sie ein neues Handicap hat, und zwar genaugenommen hat sie nun zwoundzwanzigkommazwei, wobei der dicke Schorsch sofort die Katastrophe begreift und deswegen ein finales Urteil ausspricht, welches lautet „ach-du-Scheiße". Bei mir dauert es etwas länger, aber dann schließe ich mich vollinhaltlich diesem Urteil vom dicken Schorsch an, denn man muss wissen, dass der Pillenpeter mit einem Handicap von zwoundzwanzigkommavier antritt, was bedeutet, dass seine heimische Hausgenossin nunmehr ein Handicap hat, welches um Nullkommazwo besser ist, was bei uns im Club schreckliche Folgen nach sich zieht.

Es ist nämlich so, dass wir vor langer Zeit einmal an einem frostigen Winterabend an der Clubhausbar aus lauter Langeweile einen Club gründen, der den schönen Namen Bröselclub erhält, weil in dem Club alle Spieler sind, die in ihrer Bröseligkeit mit einem schlechteren Handicap leben als die Dame ihres Herzens, selbst wenn es sich um eine leibhaftige Gemahlin handeln sollte. Dieser Bröselclub ist deshalb logischerweise der einzige Club auf der Welt, dem ausschließlich Männer angehören können, wobei er gleichzeitig den unbestreitbaren Vorteil besitzt, dass niemals eine Frau auf den Gedanken kommt, eine gerichtliche Klage wegen der Gleichberechtigung einzureichen, was nun wirklich ein sehr genialer Gedanke ist, und ich behaupte einfach mal voller Bescheidenheit, dass dieser geniale Gedanke in jener frostklaren Clubhausbarnacht in meinem Gehirn entsprungen ist, was dazu führt, dass der Bröselclub ziemlich exklusiv ist – allerdings wäre beispielsweise ein Club ehemaliger strafgefangener Golfspieler ebenfalls exklusiv, woraus wir lernen, dass die Exklusivität nicht immer anzustreben ist.

Was mich anbetrifft, so muss ich schon zugeben, dass der Gedanke, Mitglied im Bröselclub zu sein, mich ein wenig irritiert, wobei es mich in dieser Beziehung beruhigt, dass die entsprechende Hausgenossin zumindest in diesem und im nächsten Jahr kaum mein gnadenloses und vorbildliches Handicap erreichen wird, aber den Pillenpeter hat es nun um zwei Zehntelpunkte erwischt und es hilft auch nicht über die tiefe Depression hinweg, wenn der dicke Schorsch tröstend erklärt, dass die Handicaps zwoundzwanzigkommazwo und zwoundzwanzigkommavier beide unter dem Handicap zwoundzwanzig starten, so dass man den Unterschied von außen nicht gleich sieht – eine Bemerkung, die auf den ersten Blick auch sehr logisch erscheint, aber im Grunde genommen an der grauenvollen Tatsache nichts ändert, weil die Gemahlin vom Pillenpeter wahrscheinlich schon mindestens dreißig Telefongespräche geführt hat, um der ganzen Stadt mitzuteilen, welche positive Entwicklung nicht nur ihr Handicap, sondern auch die Mitsprache in den eigenen vier Wänden erfahren hat.

Selbst der dicke Schorsch ist davon sichtlich mitgenommen und erklärt sich sofort bereit, nach dem Ende unserer Donnerstagnachmittagsrunde als echten Freundschafts-

Loch erst mit einem Triplebogey, womit er schon mal mit zwei Märker in den Miesen ist, was allerdings auf dem ersten Loch noch nicht so furchtbar viel zu bedeuten hat. Aber der Pillen-Peter kriegt sein seelisches Gleichgewicht wegen seiner Bröselclubzugehörigkeit auch auf den nächsten Löchern nicht unter Kontrolle, und auf dem neunten Grün hat er noch kein einziges Loch gewinnen können und wimmert vor sich hin, wie es einer tut, der die neuen Schuhe zwei Nummern zu klein gekauft hat, so dass der dicke Schorsch dem Pillenpeter zu verstehen gibt, er soll jetzt endlich das Maul halten, denn mit der Jammerei wird auch nichts besser, im Gegenteil. Was mich anbetrifft, so versuche ich ihn mit der Nachricht tröstlich abzulenken, dass er dem dicken Schorsch und mir jetzt zusammen schon neunzehn Märker schuldig ist, was aber den richtigen Erfolg auch wieder nicht zur Folge hat.

dienst einen auszugeben, was der Pillenpeter mit Befriedigung zur Kenntnis nimmt, so dass ich gar nicht anders kann und auch einen auszugeben ankündige, was in der Tat sehr großherzig ist, so dass wir nun im vollen Bewusstsein abschlagen, dass wir etwas Gutes getan haben, was übrigens nichts daran ändert, dass wir alle drei mit gewohntem Slice den Ball dorthin schlagen, wo am rechten Fairwayrand das Gras halbhoch gemäht ist, woraus wir schließen können, dass gute Taten keineswegs dazu führen, dass der liebe Gott einem einen Gefallen tut.

**D**er dicke Schorsch und ich nehmen diese Tatsache mit der routinierten Demut entgegen, die einen moralisch gefestigten Menschen nun einmal auszeichnet, aber der Pillenpeter ist an diesem Donnerstag nicht so richtig bei der Sache und sein Ball findet das

**W**ie wir zum zehnten Abschlag hinübergehen, sagt der dicke Schorsch zu dem verzweifelten Pillenpeter, dass er seine Alte ja nicht umbringen kann wegen dem Bröselclub und die Hoffnung auf ein Dahinscheiden der Dame aus rein biologischen Gründen ist ja auch noch nicht besonders aktuell. Schließlich kommt der dicke Schorsch nach langer Rede zu dem einzig möglichen Vorschlag und sagt, der Pillenpeter soll in einen anderen Club gehen, wo die Damen nicht so stark sind. Dieser Vorschlag erschreckt den Pillenpeter so stark, dass er sich endlich zusammennimmt und auf den zweiten Neun tatsächlich doch noch zwei Löcher gewinnt. Für einen aus dem Bröselclub ist das gar nicht so schlecht.

**ULI KAISER**

# *Ein arktisches Spiel*

Natürlich macht sich der dicke Schorsch schon verdächtig, wie er an einem dieser schönen Wintertage anruft und ein gutes neues Jahr wünscht, obgleich er das noch nie getan hat, aber er sagt, dass wir es ja wenigstens einmal probieren können, was bei dem Schnee allerdings eine ziemlich bescheuerte Idee ist. Aber der dicke Schorsch weist außerdem auf gewisse Spannungen hin, die sich in seiner familiären Umgebung regelmäßig bei mehreren Feiertagen ergeben, was auch daran liegen kann, dass er sich selbst den Fünfhunderteurodriver zu Weihnachten schenkt und seiner derzeitigen Lebensabschnittsgefährtin lediglich einen praktischen Gartenschlauch, mit dem sie im Sommer die Blumen wässern kann, was ja im Grunde genommen ein sehr vernünftiges Geschenk ist – kann allerdings auch sein, dass die erwähnte Gefährtin auf ihn ein bisschen sauer ist und ihn bis zum Sommer längst verlassen hat, nebst Gartenschlauch. Der dicke Schorsch sagt, er spricht mit dem Pillenpeter und morgen Nachmittag schlagen wir ab, gegen halb zwei und obgleich sie im Wetterbericht weiteren Schneefall und ein wenig Nebel ansagen.

Was das Spiel bei dünner Schneedecke und dickem Nebel anbetrifft, so muss man zunächst die dazu notwendige Garderobe erwähnen, die mit einer innen plüschig und rauh fabrizierten langen Unterhose beginnt, von der erfahrene Damen behaupten, sie habe einen geringen Erotikfaktor, was aber für dieses Spiel meistens nicht sehr wichtig ist. Es folgen zwei Unterhemden, zwei Pullover sowie ein Anorak, die den Menschen bei einer leistungsfähigen Temperatur halten, aber nicht unbedingt dazu beitragen, einen besonders eleganten Schwung zu unterstützen. Wichtig ist dann noch das Paar warmer Handschuhe, die laut Statistik jeder zweite Mann zu Weihnachten geschenkt bekommt, weil er spätestens am dritten Feiertag zumindest einen dieser Handschuhe verliert, wovon die internationale Handschuhindustrie übrigens lebt.

Es muss jetzt auf einen außerordentlichen Mangel der Regeln hingewiesen werden, in denen beispielsweise kein Wort davon steht, wie man das Spiel bei dreifingerhohem Schnee betreibt, wie man ein Tee in den knochenhart gefrorenen Boden kriegt und wie man sich bei einem Nebel verhält, der an den wöchentlichen Waschtag unserer Oma erinnert. Der Pillenpeter, der in der Apotheker-Branche wegen seines Erfindungsreichtums und des hohen Tabletten-Umsatzes einen erheblichen Ruf genießt, stellt ein kleines Schneehäufchen her und legt den Ball darauf – genial – und wir beschließen einstimmig, diese Tee-Entwicklung sofort nach Schottland zu melden, weil ja bei denen bekanntlich nie Schnee fällt, was angeblich an dem gleichnamigen Golfstrom liegt.

Der dicke Schorsch, der Pillenpeter und meine Wenigkeit sind gar nicht so unzufrieden nach dem ersten Schlag, was auch daran liegen kann, weil man wegen des dicken Nebels vom majestätischen Flug des Balles nichts sehen kann – und logischerweise auch nichts vom krummen Slice oder sonstigen Katastrophen.

Von der Landung eines Balles, der in einem dreifingerhohen Schnee gelandet ist, muss man wissen, dass er ungewöhnliche Eigenschaften entwickelt. Es kann sein, dass er nach einigen Hopsern eine lange Spur zieht, die plötzlich endet, weil der Ball unter der Schneedecke weiterläuft wie es bei Wühlmäusen üblich ist, die sich allerdings grundsätzlich weitaus klüger verhalten, weil sie bei Schnee und Nebel nicht diesem Spiel nachgehen, was aber auch daran liegen kann, dass sie wegen des teuren Drivers zu Hause keinen Krach haben. Andererseits besitzt die Spur im Schnee auch erhebliche Nützlichkeit, denn so lässt sich trotz Nebel feststellen, wenn der Ball im trockenen Schilf am Ufer verschwunden ist.

**Auf dem Wintergrün hat es sich ergeben, dass rund um die Fahne eine spiegelblanke Eisfläche entsteht**

Der Nebel an sich stellt außerordentlich hohe Anforderungen an das ethische Gefühl der Ehrlichkeit, was sich aus einem dumpfen Ruf entnehmen lässt, mit dem sich der Pillenpeter aus dem Nebel meldet und vorschlägt, ob wir nicht vielleicht doch mit Besserlegen spielen sollen, weil er nicht weiß, mit welchem Schläger er aus der Schneeverwehung herauskommt und dass er außerdem etwas die Orientierung verloren hat, so dass er nicht weiß, in welcher Richtung die ▶

## EIN ARKTISCHES SPIEL

Fahne steckt. Der dicke Schorsch ist auch zu vernehmen und zwar ebenfalls dumpf und zustimmend – er ist auch für Besserlegen, so dass ich in meiner Wenigkeit gar nicht anders kann, schon allein aus demokratischen Gründen, wobei ich allerdings ebenfalls laut in den Nebel rufe, nicht näher zur Fahne, was sicherlich nicht ganz einfach ist, wenn man nicht weiß, wo die Fahne steht.

Auf dem Wintergrün hat es sich ergeben, dass rund um die Fahne eine spiegelblanke Eisfläche entsteht, auf der sich das Putten als sehr schwierig herausstellt, so dass der Pillenpeter und meine Wenigkeit entscheiden, dass in der Nähe von zwei Schlägerlängen geschenkt wird – nur der dicke Schorsch ist dagegen, weil sein Ball durch einen gnädigen Wind über das blanke Eis direkt ins Loch geblasen wird, was der dicke Schorsch sofort als einen Beweis seiner großen Spielkunst ansieht.

Es ist also alles in bester Ordnung nach diesem ersten Loch, wenn es nicht die Diskussion um den Ball vom Pillenpeter gibt, bei der es darum geht, dass er einen tiefgelben Ball in den Nebel abschlägt und mit einem rosaroten Ball wieder rauskommt, was der Pillenpeter auf eine furchtbare Metamorphose zurückführt, die bei solchen Witterungsverhältnissen durchaus üblich ist. Es ist eine Theorie, die weder beim dicken Schorsch noch bei meiner Wenigkeit sehr viel Zustimmung findet, worüber der Pillenpeter stark verstimmt ist und uns für pingelige Kleinkrämer hält, die nicht das geringste Gefühl für die großzügigen Geheimnisse des Spiels aufzubringen imstande sind, und dann hätte er auch zu Hause im Kreise seiner Lieben bleiben können.

Das Zweite ist bei uns hundertsechzig Meter lang und der dicke Schorsch trifft den Ball gar nicht schlecht – er, der Ball, verschwindet im Nebel und man hört es deutlich einige Male in den Bäumen knacken, in denen offensichtlich tausend Krähen sitzen und nun gestört mit einem Höllenlärm abhauen, was mich zu dem Hinweis veranlasst, dass der Ball weg ist und der dicke Schorsch soll lieber einmal nachladen, was er aber mit dem Hinweis ablehnt, dass es ja auch möglich ist, dass der Ball nach einigen Umwegen an die Fahne springt. Beim Abschlag vom Pillenpeter hört keiner was knacken, was wohl bedeutet, dass der Ball viel zu kurz ist oder im Bunker liegt, was zu der interessanten Frage führt, was die Regeln über einen zugeschneiten Bunker aussagen. Was meine Wenigkeit anbetrifft, so schlage ich lieber mit dem Wedge ab, was der Pillenpeter und der dicke Schorsch bei hundertsechzig Meter für einen Größenwahn halten, aber mein Ball ist tatsächlich mit dem vierten zwei Driverlängen neben der Fahne, während der dicke Schorsch und der Pillenpeter immer noch irgendwo im Nebel stecken und Geräusche von sich geben wie zwei blinde Ozeanriesen.

Am Dritten erweist sich ein ganz entscheidender Vorteil des Winterspiels, weil die drei Teiche dort, in denen jeden Sommer mindestens eine Million Bälle verschwinden, jetzt zugefroren sind, so dass ich einen gewaltigen Drive in den Nebel haue und von meiner Leistung völlig ergriffen still stehe, bis es ein klirrendes Geräusch gibt, als hätte einer einen Stein auf das Eis geworfen. Der Pillenpeter sagt, ich sei mit meinem Drive noch nie bis an den Teich gekommen und es liegt allein an dem steinhart gefrorenen Fairway und da kann jeder schwächelnde Idiot weit schlagen – ich sage, er soll das doch auch tun, aber er erwischt den Ball nicht richtig, so dass es eine Schneefontäne gibt, die in der weißen Watte verschwindet, und der dicke Schorsch ist auch nicht viel besser, denn das klirrende Geräusch vom Eis im Nebel ist nicht zu hören.

Was meinen Ball anbetrifft, so ergibt sich mit dem dicken Schorsch und dem Pillen-Peter eine sehr temperamentvolle Diskussion um die theoretische Flugbahn desselben, wobei wir uns darauf einigen, dass er vom steinhart gefrorenen Boden auf das beinharte Eis springt, von hier auf den ebenfalls knochenhart gefrorenen zweiten Teich hüpft und schließlich auf dem Fairway eine fast schneefrei gewehte Eis-Strecke findet und so auf etwa dreihundertzwanzig Meter kommt, was ein absoluter persönlicher und auch sonstiger Rekord ist, welcher in der Seele meiner Wenigkeit tief drinnen eine sehr angenehme Stimmung erzeugt, während der dicke Schorsch sagt, dass die dicksten Bauern die dümmsten Kartoffeln haben oder umgekehrt und was der Pillenpeter verkündet, kann man so einfach gar nicht wiedergeben, weil es unter den Jugendschutz fällt.

Auf jeden Fall kommen der dicke Schorsch und der Pillenpeter erst mit dem fünften Schlag ungefähr dort an, wo ich schon mit dem ersten bin. Leider wird es im Winter schon recht früh dunkel und der dicke Schorsch und der Pillenpeter nutzen das brutal aus und behaupten, sie müssen nach Hause in den harmonischen Schoß der Familie oder so, was für mich als Spezialist des arktischen Spiels ziemlich schade ist.

**ULI KAISER**

# Das *edle* Vermächtnis vom Schampanninger

An diesem Donnerstagnachmittag regnet es wie aus Eimern, so dass der Pillenpeter und meine Wenigkeit sofort entscheiden, wir gehen nicht auf die Runde, sondern ins Clubhaus und sprechen über die wichtigen Dinge dieser Welt und des Lebens, wie beispielsweise die kriegerischen Auseinandersetzungen im nahen Osten, den Zustand der Grüns auf unserem Platz und die fatalen Benzinpreise, die nur noch übertroffen werden von den Preisen für Bälle, die in diesem Sommer teurer sind als Spargel zu Weihnachten. Nach einer Weile kommt der dicke Schorsch dazu und sagt, wir können auch bei diesem Sauwetter spielen, wenn einer nur den richtigen Regenanzug hat wie zum Beispiel er selber einen hat, und zwar hat er diesen gewonnen bei der Tombola beim Sommernachtsfest – allerdings behauptet der dicke Schorsch, er hat den Regenanzug für einen longest drive gekriegt, was aber bezweifelt wird, weil der dicke Schorsch noch nie im Leben einen longest drive gewonnen hat. Wie wir noch diskutieren über die wichtigen Dinge, wozu natürlich auch die Wahl der Erfrischungsgetränke gehört, kommt der Käptn vorbei und hat eine ganz belegte Stimme, mit der er sagt, dass er eine traurige Mitteilung machen muss, denn der Schampanninger ist gestorben – ganz plötzlich, und bei der Gelegenheit erklärt der Käptn, dass der Schampanninger mit richtigem Namen Doktor Heribert Kaczmarek heißt, was kein Mensch jemals zu ihm gesagt hat, sondern immer Schampanninger wegen seiner Vorliebe für ein schmackhaftes Erfrischungsgetränk, weshalb er allerdings immer über Sodbrennen klagt.

Der Pillenpeter, der dicke Schorsch und meine Wenigkeit beginnen auch sofort mit einem stillen Gedenken für den Schampanninger und der Käptn sagt, er ist ein guter Sportkamerad und mehr einer von der stillen Sorte, was man so verstehen muss, dass der Schampanninger nie auch nur eine geringste Chance auf das hinterste Brutto kriegt und deswegen eine Menge guter Freunde hat, die ihm alle gern die Geschichte von der eigenen Runde erzählen und wie sie am Siebzehnten fast einen Bogey spielen. Der Pillenpeter, der in seiner Apotheke mit den Schampanninger und den Pillen gegen Sodbrennen einen guten Kunden verloren hat, sagt, wir müssen unbedingt zur Beerdigung, aber der Käptn meint, dass es da ein Problem gibt, denn der Schampanninger hat ein Vermächtnis hinterlassen, in dem er für die näheren Kumpane im Club ein erkleckliches Erbe hinterlässt, nämlich nicht weniger als zwanzig Mille, aber der Käptn schränkt ein, dass der Schampanninger für diesen Preis über die Fairways verstreut werden möchte – das heißt, natürlich erst nach der Einäscherung.

**Der Käptn sagt, dass man den Schampanninger am besten gleich auf dem ersten Grün verstreut**

Der dicke Schorsch sagt, das ist kein Problem, wobei er allein auf die zwanzig Mille spechtet, die ja nun in der Tat ein außerordentlich großzügiges Vermächtnis sind, so dass wir beschließen, eine eventuelle Trauerfeier zu besuchen und der Schampanninger auf seiner Wolke uns sieht, wie traurig wir sind. Der Käptn hält eine sehr würdevolle Rede und es findet sich auch keine Witwe ein, der man gratulieren muss, sondern nur eine angebliche Tochter mit der Figur eines Fünfer-Eisens, aber wir sind alle sehr gerührt und treffen uns anschließend im Clubhaus, um unserer Trauer einen würdevollen Ausdruck zu verleihen, wobei es nur ein wenig stört, dass der dicke Schorsch immer wieder auf unser Erbe zu sprechen kommt. Der Pillenpeter erkennt aber das eigentliche Problem und sagt, dass man auf einem Fairway nicht so ohne Weiteres eine feierliche Asche verschütten darf, was irgendwie mit dem Umweltschutz zusammenhängt oder vielleicht auch mit der entsprechenden Kirche, die da ein Monopol hat, was die lieben Dahingeschiedenen anbetrifft, vor allem, wenn sie entsorgt werden müssen, wo es ja eine Menge Vorschriften gibt. Außerdem ist so etwas bei uns im Club noch nie vorgekommen, dass einer aufs Fairway gestreut werden möchte.

Daraufhin bricht bei uns eine große Nachdenklichkeit aus, denn einesteils wollen wir gerne die zwanzig Mille haben, andern- ▶

## DAS VERMÄCHTNIS VOM SCHAMPANNINGER

teils hat keiner Erfahrung mit Einäscherungen auf einem Platz, und bei welcher Behörde es die Genehmigungen gibt und was so etwas kostet, so dass der Schampanninger nach seinem Ableben für mehr Probleme sorgt als in seinem ganzen Leben. Außerdem hat der Schampanninger ausdrücklich die Streuung auf dem Fairway verlangt und nicht auf den Grüns, die ja mitunter sehr empfindlich reagieren. Der Käptn sagt, dass bei der Prozedur sicherlich eine gerichtliche Kapazität dabei sein muss mit eidesstattlicher Erklärung – sonst gibt es nicht das Erbe, wobei der Pillenpeter darauf hinweist, dass die erwähnte Kapazität sicherlich auch noch Gebühren verlangt, die man allerdings von den zwanzig Mille abziehen muss, was steuerlich irgendwie zu berücksichtigen ist.

Der dicke Schorsch, der bei gefühlsmäßigen Gesprächen immer so tut als sei er einer von den rauhen Burschen, sagt, man kann sich die Verwaltungskosten auch sparen, wenn wir den Topf mit der Asche vom Schampanninger alias Dr. Heribert Kaczmarek in den Teich am dritten Loch kippen, weil dort auch sicherlich ein paar hundert Bälle vom Schampanninger drin liegen, die dieser zu Lebzeiten dort reingeschlagen hat – der dicke Schorsch ist wirklich nicht besonders pietätvoll und sagt, dann hat der Schampanninger auch gleich seine eigenen Bälle zum spielen, wenn er in einen Himmel kommt. Außerdem hat der Schampanninger dort einmal einen nearest-to-the-pin gewonnen, was der größte Triumph seiner Karriere ist und bei einer solchen Sache auch gebührend berücksichtigt werden muss, weil man über die lieben Verstorbenen nichts Nachteiliges sagen soll.

Der Pillenpeter sagt aber, dass wir die Asche aus Gründen des Umweltschutzes unmöglich in den Teich kippen können, weil dort schon die chinesischen Karpfen schwimmen, die extra für viel Geld von unserem Clubvorstand dort eingesetzt wurden und das Grünzeug abfressen, damit der Teich hübscher aussieht, wenn die Bälle dort reinplatschen – es könnte sein, sagt der Pillenpeter, dass die teuren Karpfen durch dem Schampanninger seine Asche einen aufwendigen Schaden erleiden. Der Käptn sagt denn auch, das kann er nicht verantworten – vor allem wegen seiner Eigenschaft als stellvertretender Beirat im Vorstand, wo man ihn eventuell zur Verantwortung zieht, denn da verstehen sie keinen Spaß bei uns im Club. Außerdem sagt der Käptn, dass man den Schampanninger am besten gleich auf dem ersten Grün verstreut, weil das sowieso gesandet werden muss wegen der bösen Rasenpest aus dem letzten Winter, was immerhin ein praktischer Vorschlag ist, bei dem der Schampanninger seine Nützlichkeit beweist.

Über diesen außerordentlich klugen Gesprächen vergeht die Zeit und was die schnelle Edeltraut anbetrifft, so sagt sie sehr richtig, dass wir eines Tages alle sterben müssen und wenn keiner mehr eine Bestellung aufgibt, dann will die schnelle Edeltraut die Getränke abkassieren und das Clubhaus abschließen, denn morgen ist auch ein Tag und sie will nach Hause, denn schließlich ist das Clubhaus keine Wärmestube für zurückgebliebene Trauergäste. So ergibt es sich, dass der dicke Schorsch, der Pillenpeter, meine Wenigkeit und der Käptn noch einen

Kleinen nehmen – sozusagen als Vorschuss auf das Erbe vom Schampanninger und damit die schnelle Edeltraut uns noch ein Weilchen hocken lässt. Der Käptn sagt, sie soll ein Papier holen und wir setzen eine eidesstattliche Erklärung darauf, dass die Asche nach Wunsch verteilt wurde, so dass den zwanzig Mille nichts im Wege steht.

Am nächsten Tag hat der Käptn eine sehr schöne Vase mit Deckel mitgebracht, in der sich der Schampanninger befindet und die Feierlichkeiten ihren festlichen Verlauf nehmen können. Wir lassen von der schnellen Edeltraut einen Teelöffel bringen, und wie es dunkler wird, ist es eine schöne Vollmondnacht, in der wir den Schampanninger mit dem Teelöffel verstreuen, aber er reicht nur für das Fairway am ersten Loch, weil der Schampanninger eher zu den schmächtigen Typen gehört, die nicht viel hergeben. Aber es hat uns sehr gut gefallen und war sehr feierlich. Der dicke Schorsch meint, er will auch einmal verstreut werden, wenn es so weit ist, was wir ihm gegen ein gewisses Vermächtnis auch sofort zusagen.

**ULI KAISER**

# Sofort damit aufhören

Zweimal im Jahr oder vielleicht dreimal überkommt es den Pillenpeter mit einer gewaltigen Traurigkeit und er beschließt, sofort damit aufzuhören, weil das Spiel ihn zu viele Nerven kostet. Dann sagt der Pillenpeter plötzlich an einem ganz normalen Donnerstagmittag, dass er noch einmal ein Studium beginnen wird für ältere Herrschaften, er will dicke Bücher lesen und seine Schläger verbrennen oder im Garten die Tomaten daran festbinden, die restlichen Bälle wird er verschenken an die Jugend im Club, obgleich er zu bedenken gibt, dass er vielleicht dafür sorgt, dass die Jugend ihr Leben mit einem solchen Spiel verplempert, anstatt in die Unversität zu gehen, um Kanzler zu werden oder wenigstens Apotheker wie der Pillenpeter. Der dicke Schorsch und meine Wenigkeit leiden nicht besonders unter der Weinerlichkeit vom Pillenpeter, obgleich einem diese Jammerei ganz schön auf den Keks gehen kann. Was den dicken Schorsch anbetrifft, der ungefähr so feinfühlig ist wie eine Kreissäge, der sagt dann immer, dann soll er doch abhauen und sich endlich verdünnisieren, damit wir ihn los sind, den Pillenpeter, was nun in der Tat keine besonders nette Art und Weise ist, wie man mit einem Freund umgeht.

Der dicke Schorsch, der wie gesagt ein echter sensibler Freund ist, gibt dem Pillenpeter sehr schöne Ratschläge darüber, wie man mit dem Spiel aufhört. Beispielsweise sagt der dicke Schorsch, dass der Pillenpeter sich doch in einem geräumigen Bunker niederlassen soll und sich mit Wedge und Neuner-Eisen begraben soll, bis er ungefähr einen Meter unter dem Boden zu liegen kommt. Dann sollte er noch unbedingt dafür sorgen, dass der Boden über ihm schön glatt geharkt ist, weil er sonst in seiner letzten Stunde auch noch mit den Etiketten in Schwierigkeiten gerät.

Es gibt natürlich auch Spieler, denen weiter nichts einfällt als das Zerbrechen der Schläger, was eine etwas halbherzige Art ist, einen Schlussstrich zu ziehen, weil jeder Proshop sich auf einen solchen Spieler stürzt und in ihm einen wunderbaren Kunden sieht, der nichts so dringend haben will wie einen funkelnagelneuen Schlägersatz und zwar vom Teuersten. Deswegen ist der dicke Schorsch mehr für die radikalere Lösung mit dem Begraben im Bunker.

Naheliegend sind natürlich auch die Gewässer auf dem Platz, wo genau wie im Bunker immer wieder Menschen verschwinden, die nie wieder gesehen werden. Manchmal wird auf der Klubterrasse von ihnen gesprochen, aber es heißt dann immer, sie sind in einem anderen Klub oder sie haben das Spiel tatsächlich aufgegeben, was aber sehr selten vorkommt. Man wundert sich, dass die Polizei immer wieder die Flüsse nach eventuellen sogenannten Abgängigen absucht, aber nie auf die Idee kommt, sich einmal um die Golfplätze zu kümmern, wo selbst in niedrigen Gewässern sicherlich genug frustrierte Spieler herumliegen.

Auf diese Weise pflegt der dicke Schorsch unseren Freund, den miesepetrigen Pillenpeter, aufzurichten, wenn er wieder einmal einen von jenen Tagen hat, an denen auch sonst ganz abgebrühte Typen dazu neigen, ihre Zeit mit einer vernünftigeren Beschäftigung aufzufüllen – beispielsweise mit der Gründung einer Partei, der Zucht von Meerschweinchen oder dem Anbau von Kopfsalat. Dem Pillenpeter hilft das nicht besonders, da er nach wie vor die Meinung vertritt, ein guter Spieler zu sein, und davon auch nicht ablässt, wenn er den fünften Triple-Bogey hintereinander spielt. Er glaubt lediglich, dass es finstere Mächte sind, die sich seiner bedienen – und da kann man nichts machen, sondern nur mit dem Spiel aufhören.

Weniger verbreitet ist eine etwas rustikalere Art und Weise, mit dem Spiel aufzuhören. Man spielt dabei in der Nähe von Krokodilen beziehungsweise Alligatoren, wie man sie in manchen Bundesstaaten der USA oder in Afrika finden kann – hierzulande ist entsprechendes Getier kaum zu finden, ▶

> **Der Pillenpeter hält sich genau an die Reihenfolge der Schläger, die er nacheinander zertrümmert**

## SOFORT DAMIT AUFHÖREN

so dass der ganze Akt der plötzlichen Spielabneigung zu vieler Vorbereitungen bedarf.

Ähnlich unzuverlässig ist eine Möglichkeit, das Spiel für alle Zeiten zu beenden, wie sie in einer südeuropäischen Stadt geschieht. Ein Spieler muss dort erleben, wie sein Schlägerschaft zersplittert und ein Teil davon sich in seinen Nacken bohrt. Da der Spieler schnell genug in ein Krankenhaus gebracht wird und er sich rasch erholt, bleibt ihm nichts anderes übrig, als einen weiteren Versuch zu unternehmen, mit dem Spiel aufzuhören. Über den Erfolg ist bisher nichts bekannt, was allerdings auch daran liegt, dass es bei der heutigen technischen Perfektion der Schläger sehr selten vorkommt, dass der Schaft zersplittert und dann auch noch genau das Genick des Spielers trifft, wobei man auch noch Wert darauf legen muss, dass kein Krankenhaus in der Nähe ist.

Alle diese Vorschläge bekommt der Pillenpeter vom dicken Schorsch und meiner Wenigkeit beigebracht, aber sie liegen ihm alle nicht so besonders, so dass der dicke Schorsch dem Pillenpeter sagt, dass er es wohl nicht ernst meint mit dem Aufhören, was insofern tragisch ist, weil wir – der dicke Schorsch und meine Wenigkeit – uns jetzt schon so viel Mühe gegeben haben. Der Pillenpeter lächelt nur müde und sagt, was-wisst-ihr-denn-schon.

Wie gesagt: Der Pillenpeter hört jedes Jahr zwei- oder dreimal mit dem Spiel auf und zwar für den Rest seines Lebens. Er bringt dafür keineswegs immer die gleichen Gründe vor. Es kann geschehen, dass er mit wunderbarem Schwung jedes Mal mit dem zweiten Schlag das Grün erreicht – dann aber mindestens vier Putts benötigt, um endlich den Ball in dieses blöde Loch zu bugsieren. Der Pillenpeter, der auf ein geregeltes Familienleben den allergrößten Wert legt, leidet beispielsweise auch sichtbar, wenn seine Schwiegermutter unbedingt jeden Samstag mit ihm einen Familienvierer spielen will, wenn rundherum seine Freunde wie der dicke Schorsch oder meine Wenigkeit sich von vornherein auf die Klubhausterrasse setzen, um eine Erfrischung zu sich zu nehmen, weil der Platz proppevoll ist. Dann macht das Zuschauen sowieso mehr Spaß als das Spielen, weil man immer hinter einer Gruppe hertanzt, die erst einmal jedes Wasserloch kontrolliert, ob da vielleicht ein alter und abgefummelter Ball zu finden ist. Immerhin haben solche Leute in dem Spiel einen besonderen Sinn gefunden – sie suchen Bälle, so ähnlich wie Ostereier, und sind dabei außerordentlich fröhlich, was man von anderen Spielern nicht immer sagen kann.

Als der Pillenpeter einmal am Achtzehnten sein Bag, sein elektrisches Kaddycar und einen relativ gut erhaltenen Regenanzug in den geräumigen Teich wirft, wo die gesamte Ausrüstung glucksend versinkt, sind der dicke Schorsch und meine Wenigkeit der Meinung, dass dieses nun endgültig das Finale gewesen ist. Aber dann kommt der Pillenpeter eines Tages auf ein Bier vorbei und bittet den dicken Schorsch darum, für einen einzigen Schlag auf der Übungswiese dessen Dreier-Holz benutzen zu dürfen – es wird der beste Schlag, der dem Pillenpeter je passiert und so kauft er noch am gleichen

Tag wieder einen kompletten Satz, mit dem er sich vier oder fünf Monate bestens verträgt. Dann geschieht es erneut: Der Pillenpeter kommt ganz gemächlichen Schritts herauf zum Achtzehnten, schiebt seinen Trolley bis an die voll besetzte Terrasse, wo auf einmal ein tödliches Schweigen ausbricht. Der Pillenpeter nimmt den Driver und zerschmettert ihn an dem Pfosten der Gartenpforte, nimmt dann das Dreier-Holz und tut desgleichen, das Fünfer-Holz, das Dreier-Eisen, das Vierer-Eisen – es spricht für den Ordnungssinn von Pillenpeter, dass er sich genau an die Reihenfolge der Schläger hält, die er nacheinander zertrümmert – als letzten Schläger den hübschen Putter, bei dem es sich angeblich um ein Gerät handelt, das er gerade erst vor ein paar Wochen zu einem horrenden Preis erworben hat. Der Pillenpeter schichtet die zerbröselten Reste der Schäfte säuberlich auf einen Haufen und trägt das Ganze dann in den Container hinter dem Klubhaus, wo sonst immer die Plastikflaschen mit dem Sprudelwasser und die Kartons mit den Bällen entsorgt werden. Dann setzt der Pillenpeter sich hin und bestellt ein großes Getränk. Mit dem dicken Schorsch und meiner Wenigkeit, die wir etwas peinlich berührt daneben sitzen, spricht er über das Wetter und dass er daran denke, eventuell eine Kreuzfahrt zu unternehmen.

**W**ährend meiner Wenigkeit die Worte fehlen, sagt der dicke Schorsch, dass es bei diesem Spiel schlimmer ist als mit einer Ehe. Bei Letzterer kann man sich scheiden lassen – bei diesem Spiel geht das nicht.

**ULI KAISER**

# Warum *Hamlet* und der dicke Schorsch so *ähnlich* sind

**D**er Mensch an sich ist sehr verschieden, was ihm aber nicht ausreicht und deshalb werden immer wieder Veränderungen vorgenommen. Was den dicken Schorsch anbetrifft, so erklärt ein Adjektiv vor seinem Taufnamen, dass er sich von anderen Menschen unterscheidet – nämlich durch seine Dickheit. Dabei ist der dicke Schorsch durchaus von einiger Stattlichkeit, was sich durch eine von innen gesteuerte Ruhe ausdrückt, die sich beim Putten als Vorteil herausstellen sollte. Die Wahrheit ist, dass der dicke Schorsch ein Meister des Drei-Putts ist, was bedeutet, dass er mit dem dritten Putt jeden Ball ins Loch bekommt. Oder fast jeden.

**M**an kann also auch sagen, dass der dicke Schorsch in sich ruht. Er selbst behauptet, dass er gar nicht dick ist, sondern nur schwere Knochen hat, die er mütterlicherseits erbt. Dabei bleibt zu bemerken, dass selbst der Name Schorsch auf eine gewisse Beleibtheit zurückzuführen ist – es ist nämlich so, dass einer, zu dem man Schorsch sagt, nie ein richtig knüppeldürrer Typ ist – wenn einer dürr ist und diesen Vornamen trägt, heißt er Georg und nicht Schorsch.

**S**o ganz sicher bin ich mir in meiner Wenigkeit nicht, wie an diesem Donnerstagnachmittag das Thema der Fettleibigkeit aufkommt, aber es ist sicherlich richtig, dass der dicke Schorsch normalerweise dieses Thema zu vermeiden trachtet, was ja auch verständlich ist. Der Pillenpeter beispielsweise ist ein ziemlicher Zappelphilipp und wenn man ein sensibler Charakter ist wie beispielsweise meine Wenigkeit, dann darf man dem Pillenpeter nicht zuschauen, wenn er sich seelisch auf seinen Abschlag vorbereitet.

Dabei ist noch nicht einmal die Rede von seiner gründlichen Gymnastik, bei der er auch nicht die kleinsten Muskeln auslässt. Er hat einmal gelesen, dass die Arbeit des Aufwärmens das wichtigste Teilstück des Sports ist – und jetzt wärmt er sich mindestens eine halbe Stunde vor dem Schlag auf dem ersten Tee auf und der dicke Schorsch sagt, dass er – der Pillenpeter – schon völlig kaputt auf die Runde geht, was einem vernünftigen Spiel ganz einfach nicht dienlich sein kann. Der Pillenpeter beginnt damit, dass er mit den Fingerspitzen unbedingt an die Zehen kommen will, was bei einem Mensch in den reiferen Jahren sofort einen Bandscheibenschaden zur Folge hat. Dem Pillenpeter reicht das noch nicht und deshalb beginnt er eine Serie von Liegestützen, wobei die Muskeln im Schultergelenk mit einem knirschenden Geräusch zerspringen. Danach zerstört er die Bauchmuskeln, indem er sogenannte „sit-ups" vollführt. Den Höhepunkt der Aufwärmung bildet jeweils ein Kopfstand, von dem Pillenpeter sagt, dass es sich dabei um eine Joga-Übung handelt, die eine bessere Durchblutung des Gehirns zur Folge hat. Was übrigens nichts daran ändert, dass der Pillenpeter trotz körperlicher Wärme und ordentlicher Durchblutung einen Slice hat, der an Schrecklichkeit nicht mehr zu übertreffen ist.

Ein Mensch wie beispielsweise meine Wenigkeit stellt sich da die Frage, was einem ein durchblutetes Gehirn bei diesem Spiel nützt, wenn von der Wirbelsäule bis zum Ellenbogen alle Knochen und Muskeln nicht mehr einzusetzen sind. Der Pillenpeter sagt, ich hätte in meiner Wenigkeit keine Ahnung vom Wesen des Sports als solchem – vielleicht hat er sogar Recht damit, aber dafür habe ich noch nie einen Donnerstagnachmittag im Krankenhaus verbracht, was ja auch irgendwie ein Vorteil ist.

**Die Diskussion um dick und dünn erhält ihren Höhepunkt ungefähr am sechsten Grün**

Die Diskussion um dick und dünn, die man als jährlich wiederkehrendes Thema betrachten kann, erhält ihren Höhepunkt ungefähr am sechsten Grün, als der Pillenpeter steif und fest behauptet, das ein schlanker Mensch nicht nur besser spielt, sondern auch irgendwie eleganter aussieht – er nennt ein völlig abstraktes Beispiel wie Hamlet und behauptet, es hat auf der Bühne noch nie einen dicken Hamlet gegeben. Damit hat er sich ein bisschen in die Nesseln gesetzt, denn von dem dicken Schorsch weiß jeder, dass er in der Jugend einen gewissen Theaterfimmel hat, der allerdings nicht von einer Weltkarriere gekrönt wird, sondern bei der Landesbühne Knattersheim an der ▶

## WARUM HAMLET UND DER DICKE SCHORSCH SO ÄHNLICH SIND

Knatter ein jähes Ende fand, als der dicke Schorsch noch etwas schlanker, was und als junger Liebhaber in eine zunächst florierende Bäckerei heiratete. Diese Ehe des dicken Schorsch ist längst vergessen, aber die Texte der großen Werke hat er immer noch griffbereit – und so deklamiert er Hamlet, während er seinen Ball im tiefen Gras sucht – „er ist fett und kurz von Atem".

Der dicke Schorsch sagt, dass Shakespeare mit Sicherheit einen dicken Hamlet will, und keinen von diesen mickerigen Schwächlingen, die die ganze Zeit ihr Schicksal bedauern. Der dicke Schorsch kennt sogar den englischen Text – „He's fat und scant of breath", und fügt gleich hinzu, dass dieser Shakespeare in seinem gewaltigen Werk keine Zeile über das Golfspiel verliert, was ein Zeichen von Ignoranz ist, denn den Old Course hat es längst gegeben – allerdings könnte es sein, dass der Dichter nie bis nach Schottland durchgedrungen ist.

Der Pillenpeter und meine Wenigkeit stehen einigermaßen stumm daneben und bestaunen die belesene Vergangenheit des dicken Schorsch, der allerdings seinen Ball aus dem tiefen Sand des Bunkers erst mit dem vierten Schlag herausbekommt, was den Pillenpeter und meine Wenigkeit außerordentlich beruhigt. Ich getraue mir sogar den Hinweis, dass der viel genannte Shakespeare sowieso kein Verhältnis zu einem richtigen Freizeitvergnügen besitzt und schon gar nichts von einem Donnerstagnachmittag weiß, an dem mitunter unglaublich tragische Zwischenfälle eintreten – aber der dicke Schorsch erinnert sich an seine Jugend und hält sogleich einen Vortrag, der damit endet, dass eben dieser Shakespeare sowohl das Tennisspiel wie auch das Fußballspiel erwähnt, wenn auch nur kurz – und wenn wir – der Pillenpeter und meine Wenigkeit – Wert darauf legen, wäre er – der dicke Schorsch – gerne bereit zu weiteren Zitaten, was wir aber ablehnen wegen der Konzentration auf die wichtigen Dinge der Stunde. Der Pillenpeter getraut sich allerdings noch den Hinweis, dass dieses Weichei Hamlet eventuell ebenfalls nur schwere Knochen mütterlicherseits hat, aber der dicke Schorsch ist bei seinem Putt so konzentriert wie es ein Mensch mit einem fatalen Hang zur Fettleibigkeit nur sein kann. Was übrigens nichts daran ändert, dass es wieder ein Dreiputt wird.